AnwaltsPraxis

Die Reform der PKH

Prozesskosten- und Beratungshilfe nach neuem Recht

von
Rechtsfachwirtin
Sabine Jungbauer, München

Deutscher**Anwalt**Verlag

Zitiervorschlag:
Jungbauer, Die Reform der PKH, § 1 Rn 1

Hinweis
Die Formulierungsbeispiele in diesem Buch wurden mit Sorgfalt und nach bestem
Wissen erstellt. Sie stellen jedoch lediglich Arbeitshilfen und Anregungen für die
Lösung typischer Fallgestaltungen dar. Die Eigenverantwortung für die Formulierung
von Verträgen, Verfügungen und Schriftsätzen trägt der Benutzer. Autorin und Verlag
übernehmen keinerlei Haftung für die Richtigkeit und Vollständigkeit der in dem Buch
enthaltenen Ausführungen und Formulierungsbeispiele.

Anregungen und Kritik zu diesem Werk senden Sie bitte an
kontakt@anwaltverlag.de
Autorin und Verlag freuen sich auf Ihre Rückmeldung.

Copyright 2014 by Deutscher Anwaltverlag, Bonn
Satz: Reemers Publishing Services GmbH, Krefeld
Druck: Medienhaus Plump, Rheinbreitbach
Umschlaggestaltung: gentura, Holger Neumann, Bochum
ISBN 978-3-8240-1339-5

Bibliografische Information der Deutschen Nationalbibliothek
Die Deutsche Nationalbibliothek verzeichnet diese Publikation in der Deutschen
Nationalbibliografie; detaillierte bibliografische Daten sind im Internet über
http://dnb.d-nb.de abrufbar.

Vorwort

Es gab schon seit einigen Jahren Bestrebungen, das Prozesskostenhilferecht zu ändern unter anderem auch mit dem Ziel, die Kosten der Beratungs- und Prozesskostenhilfe einzudämmen und einem Missbrauch vorzubeugen. Aus dem ursprünglichen Gesetzesentwurf vom 14.11.2012 (BT-Drucks 17/11472) ist Einiges im Laufe des Gesetzgebungsverfahrens aufgegeben worden, so z.B. die geplante Anhebung der Ratenzahlungsdauer von 48 auf 72 Monate oder auch die geplante Anhebung der Überprüfungsdauer ebenfalls von 48 auf 72 Monate. Das Gesetz zur Änderung des Prozesskostenhilfe- und Beratungshilferechts ist am 6.9.2013 im Bundesgesetzblatt verkündet worden. Es ist **zum 1.1.2014** in Kraft getreten (BGBl I 2013, S. 3533 f.). Neben diesem Änderungsgesetz wurden zwei Formularverordnungen ins Leben gerufen, mit denen die bisherigen Vordrucke abgelöst und neue Formulare eingeführt wurden. Am 19.12.2013 hat der Bundesrat mit Änderungen der Verordnung zur Verwendung eines Formulars für die Erklärung über die persönlichen und wirtschaftlichen Verhältnisse bei Prozess- und Verfahrenskostenhilfe (Prozesskostenhilfeformularverordnung – PKHFV) (BR-Drucks 780/13 (Beschluss) v. 19.12.2013) sowie der Verordnung zur Verwendung von Formularen im Bereich der Beratungshilfe (Beratungshilfeformularverordnung – BerHFV) (BR-Drucks 779/13 (Beschluss) v. 19.12.2013) zugestimmt. Die Bundesrechtsanwaltskammer hat im November 2013 zu den geplanten Formularen eine Stellungnahme abgegeben (Stellungnahme-Nr. 21/2013, November 2013 der Bundesrechtsanwaltskammer). Einige hier angeregte sinnvolle Änderungen wurden jedoch vom Bundesrat nicht übernommen. Der Bundesrat hat den Verordnungen in der Entwurfsfassung überwiegend zugestimmt. Vorgenommene Änderungen sind überwiegend gestalterischer Art. Die BerHFV wurde am 8.1.2014 im Bundesgesetzblatt verkündet (BGBl I 2014, S. 2) und ist am 9.1.2014 in Kraft getreten; die PKHFV (BGBl I 2014, S. 34) wurde am 21.1.2014 verkündet und ist am 22.1.2014 in Kraft getreten. Zum 1.1.2014 sind auch die neuen Prozesskostenhilfebekanntmachungen in Kraft getreten, die die neuen – ab 1.1.2014 geltenden – Freibeträge bestimmen.

Das nachfolgende Werk stellt die wichtigsten Änderungen, die durch diese Reform in Kraft getreten sind, dar, um dem Leser einen schnellen Überblick über diese Änderungen zu verschaffen. Soweit es für ein besseres Verständnis für erforderlich erachtet wurde, sind auch Ausführungen zur bisherigen Rechtslage erfolgt. Um eine übersichtliche und konzentrierte Darstellung der neuen Rechtslage für die Praxis zu ermöglichen, wird auf gescheiterte Vorhaben bewusst nicht eingegangen. Berücksichtigen Sie bitte, dass dieses Werk keine umfassende Darstellung des gesamten PKH- und Beratungshilferechts beinhaltet. Sein Ziel ist vielmehr die rasche Einführung in die nach Ansicht der Verfasserin wichtigsten Reform-Themen.

Zur besseren Lesbarkeit wurde darüber hinaus fast durchgehend der Betriff „Prozesskostenhilfe" bzw. „PKH" verwendet, wobei die nachstehenden Ausführungen auch für die Verfahrenskostenhilfe gelten, da die Vorschriften der ZPO auch auf Ehe- und Familienstreitsachen (vgl. § 113 Abs. 1 ZPO) und übrige Familiensachen (vgl. § 76 FamFG) Anwendung finden. Auf Besonderheiten wurde an gegebener Stelle hingewiesen.

München, Januar 2014   *Sabine Jungbauer*

Inhaltsübersicht

Inhaltsverzeichnis

§ 1 Änderungen der Zivilprozessordnung

A. Begriff der Mutwilligkeit

Eine Partei, die nach ihren persönlichen und wirtschaftlichen Verhältnissen die Kosten der Prozessführung nicht, nur zum Teil oder nur in Raten aufbringen kann, erhält auf Antrag Prozesskostenhilfe (PKH), wenn die beabsichtigte Rechtsverfolgung oder Rechtsverteidigung hinreichend Aussicht auf Erfolg bietet und nicht mutwillig erscheint, § 114 Abs. 1 S. 1 ZPO. **1**

Das Gericht kann zur Beurteilung der Erfolgsaussichten und der Frage möglicher Mutwilligkeit Erhebungen anstellen, insbesondere die Vorlage von Urkunden anordnen, Auskünfte einholen sowie Zeugen und Sachverständige hören. **2**

Mutwillig handelt nach der herrschenden Rechtsprechung derjenige, der davon abweicht, was bei der auch hier erlaubten und notwendigen lediglich vorläufigen Prüfung der hinreichenden Erfolgsaussicht eine verständige ausreichend bemittelte Partei in einem gleich liegenden Fall tun würde.[1] Der Gesetzgeber hat nun zum 1.1.2014 im Hinblick auf diese Rechtsprechung den Begriff der Mutwilligkeit in § 114 Abs. 2 ZPO konkretisiert. **3**

In § 114 ZPO wurde zum 1.1.2014 folgender Absatz 2 angefügt: **4**

> *„(2) Mutwillig ist die Rechtsverfolgung oder Rechtsverteidigung, wenn eine Partei, die keine Prozesskostenhilfe beansprucht, bei verständiger Würdigung aller Umstände von der Rechtsverfolgung oder Rechtsverteidigung absehen würde, obwohl eine hinreichende Aussicht auf Erfolg besteht."*[2]

Der Gesetzgeber will durch die Definition des Merkmals der Mutwilligkeit dessen eigenständige Bedeutung betonen und gesetzlich klarstellen, da die Vorschriften der PKH aufgrund zahlreicher Verweise einen großen Wirkungsbereich haben.[3] Denn der verfassungsrechtlich gebotene Rahmen der PKH soll auch im Einzelfall nicht überschritten werden, da es hinreichend ist, den *„Unbemittelten hinsichtlich seiner Zugangsmöglichkeiten zum Gericht einem solchen Bemittelten gleichzustellen, der seine Prozessaussichten vernünftig abwägt und dabei auch das Kostenrisiko berücksichtigt.*[4] **5**

Dabei stellt der Gesetzgeber in der Gesetzesbegründung klar, dass eine **Mutwilligkeit nicht schon dann anzunehmen** ist, wenn es um geringe Beträge geht, da auch Selbstzahler Prozesse um **niedrige Beträge** führen würden. Er verweist dabei auf eine Statistik, nach der 19 % der Zivilprozesse vor Amtsgerichten in den vergangenen Jahren einen Streitwert unter 300 € hatten, von denen lediglich 5 % über PKH finanziert wurden. Ausdrücklich hält der Gesetzgeber in der Gesetzesbegründung fest, dass künftig auch Prozesse mit geringem Streitwert wie zum Beispiel im Sozialrecht bei Rechtsstreitigkeiten im Zusammenhang mit dem Bildungspaket des SGB II über PKH möglich bleiben sollen.[5] **6**

Dabei ist jedoch m.E. zu berücksichtigen, dass mit dem 2. Kostenrechtsmodernisierungsgesetz, das am 1.8.2013 in Kraft getreten ist, die unterste Wertstufe (bis 300,00 €) aufgehoben wurde und diese nunmehr bei „bis 500,00 €" liegt. Das hat dazu geführt, dass gerade die Führung von Prozessen in Wertbereichen bis 300,00 € von vielen selbstzahlenden Parteien wohl überlegt werden wird, liegt hier das Kostenrisiko doch nun bei 420,16 € (2 × RA-Gebühren, 3,0 Gerichtskosten bei Entscheidung durch Urteil). Es bleibt daher abzuwarten, ob künftig dieser neue Kostenfaktor **7**

---

1 BVerfG, Rpfleger 2002, 213; OLG Dresden, FamRZ 2004, 1982; OLG Karlsruhe, FamRZ 2004, 550.
2 BGBl I 2013 (Nr. 55), S. 3533, Art. 1, Nr. 2.
3 BT-Drucks 17/11472 v. 14.11.2012, PKHuBerHÄndG, Begründung zu Art. 1 Nr. 2, S. 29.
4 BT-Drucks 17/11472, a.a.O., unter Verweis auf vgl. BVerfG, Beschl. v. 13.3.1990, BVerfGE 81, 347; Beschl. v. 18.11.2009, NJW 2010, 988.
5 BT-Drucks 17/11472 v. 14.11.2012, PKHuBerHÄndG, Begründung zu Art. 1 Nr. 2, S. 29.

nicht trotz der Ausführungen des Gesetzgebers in der Gesetzesbegründung nicht doch zu einer Ablehnung von PKH-Anträgen bei geringen Streitwerten führen wird.

8 Im Übrigen dürfte auch künftig an die bisher ergangene Rechtsprechung zur Mutwilligkeit anzuknüpfen sein.

B. Bemessung der Ratenzahlungen

I. Gesetzesänderungen in § 115 ZPO

9 Der Gesetzgeber hat § 115 ZPO zum 1.1.2014 wie folgt geändert:

> *„§ 115 wird wie folgt geändert:*
>
> a) *Absatz 1 Satz 3 wird wie folgt geändert:*
>
>   aa) *Nach Nummer 3 wird folgende Nummer 4 eingefügt:*
>
>   *„4. Mehrbedarfe nach § 21 des Zweiten Buches Sozialgesetzbuch und nach § 30 des Zwölften Buches Sozialgesetzbuch;".*
>
>   bb) *Die bisherige Nummer 4 wird Nummer 5.*
>
> b) *Absatz 2 wird wie folgt gefasst:*
>
>   aa) *„(2) Von dem nach den Abzügen verbleibenden Teil des monatlichen Einkommens (einzusetzendes Einkommen) sind Monatsraten in Höhe der Hälfte des einzusetzenden Einkommens festzusetzen; die Monatsraten sind auf volle EUR abzurunden. Beträgt die Höhe einer Monatsrate weniger als 10 EUR, ist von der Festsetzung von Monatsraten abzusehen. Bei einem einzusetzenden Einkommen von mehr als 600 EUR beträgt die Monatsrate 300 EUR zuzüglich des Teils des einzusetzenden Einkommens, der 600 EUR übersteigt. Unabhängig von der Zahl der Rechtszüge sind höchstens 48 Monatsraten aufzubringen. "*[6]

II. Abzugsfähigkeit der Mehrbedarfe nach §§ 21 SGB II und 30 SGB XII

10 Mehrbedarfe nach §§ 21 SGB II und 30 SGB XII bewährt der Staat Personen, die sich in besonderen Lebenssituationen befinden. In der Rechtsprechung war bisher umstritten, ob diese Mehrbedarfe als Einkommen anzusehen und in welchem Umfang sie als besondere Belastungen wieder abzugsfähig sind.[7]

11 Derartige Mehrbedarfe sind z.B.

- Mehrbedarfe für gehbehinderte Menschen
- Mehrbedarfe für werdende Mütter nach der 12. Schwangerschaftswoche
- Mehrbedarfe für Alleinerziehende
- Mehrbedarfe für erwerbsfähige behinderte Personen, denen Leistungen zur Teilhabe am Arbeitsplatz zukommen
- Mehrbedarfe für behinderte Menschen ab dem 15. Lebensjahr, die Eingliederungshilfe erhalten
- Mehrbedarfe für eine gesonderte Ernährung für Kranke, Genesende, behinderte Menschen oder von einer Krankheit oder Behinderung bedrohte Menschen bzw. wenn aus medizinischen Gründen eine kostenaufwändige Ernährung erforderlich ist
- Mehrbedarfe bei besonderer Form der Warmwasserversorgung.

---

6 BGBl I 2013 (Nr. 55), S. 3533, Art. 1, Nr. 3.

7 Vgl. dazu nur beispielhaft zur Verpflichtung des Antragstellers, die Abzugsfähigkeit im konkreten Einzelfall darlegen und nachweisen zu müssen: BGH, Beschl. v. 5.5.2010, FamRZ 2010, 1324.

Durch die Aufnahme in § 115 Abs. 1 S. 3 Nr. 4 ZPO n.F. stellt der Gesetzgeber nunmehr klar, dass **12** Mehrbedarfe nach §§ 21 SGB II und 30 SGB XII zunächst als Einkommen zu behandeln sind, dann aber pauschal wieder abgezogen werden. Einer besonderen Darlegung zu den Gründen der Abzugsfähigkeit im Einzelfall bedarf es damit nicht mehr.

Sofern allerdings der Antragsteller keine Leistungen nach dem SGB II oder SGB XII bezieht, son- **13** dern seinen Lebensunterhalt vielmehr aus eigenem Einkommen bestreitet, kann er entsprechende Freibeträge ebenfalls geltend machen. Er muss dann allerdings die sozialrechtlichen Tatbestands- voraussetzungen für die Mehrbedarfe darlegen und glaubhaft machen.[8]

III. Änderung der Bemessung der Ratenzahlungshöhe

Der Gesetzgeber hat zum 1.1.2014 die bisher geltende Tabelle zur Ermittlung der Ratenhöhe ab- **14** geschafft.

Nach Ansicht des Gesetzgebers hat die bis zum 31.12.2013 geltende Tabelle zu Ungerechtigkei- ten beim einzusetzenden Einkommen geführt, denn wenn das Einkommen knapp unter einem Schwellenwert lag, verblieb mehr vom Einkommen als wenn das einzusetzende Einkommen die- sen Wert knapp überschritt.

Seit 1.1.2014 wird bestimmt, dass der Prozesskostenhilfeempfänger die Hälfte des einzusetzen- **15** den Einkommens als Rate zu zahlen hat, wobei Raten von weniger als 10,00 € mangels Wirt- schaftlichkeit nicht festgesetzt werden.

Das einzusetzende Einkommen über 600,00 € ist in vollem Umfang zu berücksichtigen.

> *Beispiel:* **16**
> Einzusetzendes Einkommen: 740,00 €
> Ratenhöhe:
> Bis 600,00 € hälftig, d.h. = 300,00 €. Ab 600,01 in voller Höhe, d.h. 140,00 €. Festzusetzende Rate: 440,00 €.

Bei der Berechnung des einzusetzenden Einkommens wird vom Bruttoeinkommen der rechts- **17** suchenden Partei ausgegangen; wobei das Kindergeld demjenigen zugerechnet wird, der es erhält. Eigenes Einkommen des Ehegatten/Lebenspartners wird dem Einkommen der rechtsuchenden Partei nicht hinzugerechnet. Vom Bruttoeinkommen werden zunächst Steuern, Vorsorgeaufwen- dungen (z.B. Sozialversicherung, angemessene private Versicherungen) und Werbungskosten so- wie Fahrtkosten abgezogen. Sodann ist der Freibetrag abzusetzen, der sich aus der jeweils gelten- den Prozesskostenhilfebekanntmachung (PKHB) ergibt.[9]

Die aktuellen PKHB (Stand: 1.1.2014 – siehe § 8 D.) sehen dabei folgende Freibeträge vor: **18**

- Freibetrag i.H.v. 452 € für die Partei selbst
- Freibetrag i.H.v. 452 € für den Ehegatten/Lebenspartner; wobei dieser Freibetrag nur Berück- sichtigung findet, soweit nicht eigenes Einkommen des Ehegatten/Lebenspartners besteht
- altersabhängiger Freibetrag für jedes unterhaltsberechtigte Kind i.H.v. 362 € für erwachsene unterhaltsberechtigte Kinder; 341 € für Jugendliche von 15 bis 18; 299 € für Kinder von 7 bis 14 sowie Kinder bis 6 Jahre i.H.v. 263 €; auch diese Freibeträge wären bei eigenen Einkom- men des Kindes in der entsprechenden Höhe zu mindern
- Freibetrag i.H.v. 206 €, sofern die Partei Einkünfte aus Erwerbstätigkeit erzielt.

---

8 BT-Drucks 17/11472 v. 14.11.2012, Begründung zu Art. 1 Nr. 3 cc, S. 30.
9 Prozesskostenhilfebekanntmachung 2014 v. 6.12.2013, BGBl. I S. 4088.

Nach Abzug der Freibeträge erfolgt die Berücksichtigung der Wohnkosten sowie weiterer Beträge, die mit Rücksicht auf besondere Belastungen (z.B. Körperbehinderungen) als Mehrbedarfe
geleistet werden.

IV. Keine Reduzierung der Freibeträge

19 Die zunächst geplante **Reduzierung des Freibetrags für Erwerbstätige** in § 115 Abs. 1 S. 3
Nr. 1b) ZPO-E um die Hälfte war nach dem Beschluss des Bundestags nicht mehr Gegenstand
des Gesetzgebungsverfahrens.[10]

20 § 115 Abs. 1 S. 3 Nr. 2. a) ZPO-E sah zunächst zusätzlich vor, die **Freibeträge insbesondere für
Ehegatten oder Lebenspartner** zu reduzieren. Dies war ebenfalls nach dem Beschluss des Bundestags nicht mehr Gegenstand des Gesetzgebungsverfahrens.[11]

V. PKH-Sperre

21 An der PKH-Sperre des § 115 Abs. 4 ZPO hat sich auch durch die neue Rechtslage zum 1.1.2014
nichts geändert. Prozesskostenhilfe wird nicht bewilligt, wenn die Kosten der Prozessführung der
Partei vier Monatsraten und die aus dem Vermögen aufzubringenden Teilbeträge voraussichtlich
nicht übersteigen. Durch die Regelung in § 115 Abs. 4 ZPO soll PKH dann ausgeschlossen sein,
wenn der Partei zuzumuten ist, die Prozesskosten mit eigenen Mitteln zu bestreiten. Ein momenta-
ner Finanzierungsengpass kann durch Darlehensaufnahme oder Erweiterung eines Dispokredits
überbrückt werden. Will das Gericht nach § 115 Abs. 4 ZPO die PKH ablehnen, hat es eine entsprechende Kostenprognose anzustellen. Dabei müssen z.B. in I. Instanz eine 3,0 Verfahrensgebühr
nach Nr. 1210 KV GKG sowie zweimal 2,5 Gebühren (1,3 Verfahrensgebühr + 1,2 Terminsgebühr)
zzgl. Auslagen und USt. angesetzt werden.

C. Erklärung über die persönlichen und wirtschaftlichen Verhältnisse

22 Auf das neue Formular zur Erklärung über die persönlichen und wirtschaftlichen Verhältnisse
wird gesondert in § 5 eingegangen.

D. Stellungnahme durch Antragsgegner

23 Da in der Kommentarliteratur strittig war, ob der **Gegner** auch zu den Angaben des Antragstellers
über seine persönlichen und wirtschaftlichen Verhältnisse **zu hören** ist, stellt der Gesetzgeber
durch eine Änderung in § 118 Abs. 1 ZPO nunmehr klar, dass dem Antragsgegner umfassend Gelegenheit zu geben ist, zu den Voraussetzungen für eine Bewilligung von PKH Stellung zu nehmen.[12] Mit dieser Regelung wird dem Interesse der Staatskasse an einer möglichst vollständigen
und zutreffenden Erklärung des Antragstellers Rechnung getragen. Dabei berücksichtigt der Gesetzgeber auch, dass auch der Antragsgegner ein Interesse daran hat, nicht auf Staatskosten mit
einem Prozess überzogen zu werden, den der Antragsteller möglicherweise auf eigene Kosten
nicht führen würde.

---

10 Vgl. dazu die Beschlussempfehlung des Rechtsausschusses v. 15.5.2013 in BT-Drucks 17/13538.
11 Vgl. dazu die Beschlussempfehlung des Rechtsausschusses v. 15.5.2013 in BT-Drucks 17/13538.
12 BT-Drucks 17/11472 v. 14.11.2012, Begründung zu Art. 1 Nr. 6, S. 31 f.

„§ 118 wird wie folgt geändert:[13]   **24**

a) *Absatz 1 Satz 1 wird wie folgt gefasst:*

> *„Dem Gegner ist Gelegenheit zur Stellungnahme zu geben, ob er die Voraussetzungen für die*
> *Bewilligung von Prozesskostenhilfe für gegeben hält, soweit dies aus besonderen Gründen*
> *nicht unzweckmäßig erscheint."*

Nicht geboten wird eine Anhörung dann sein, wenn z.B. bei einem **Eilantrag** der Erfolg auch von   **25**
der Überraschungswirkung abhängig ist.

> *Praxistipp:*   **26**
>
> Hier ist bereits im Antrag auf Bewilligung zu den Gründen vorzutragen, warum ggf. von einer
> Anhörung abgesehen werden sollte.

> *Formulierungshilfe:*   **27**
>
> *„Es wird dringend gebeten, von einer Anhörung des Antragsgegners zum Prozesskostenhilfe-*
> *antrag abzusehen, da die Anhörung den Zweck der beantragten einstweiligen Verfügung/For-*
> *derungspfändung vereiteln würde. ... (vgl. dazu auch BVerfGE 7, 88)."*

Auch wenn absehbar ist, dass der Gegner **nur Vermutungen** über die wirtschaftlichen Verhält-   **28**
nisse des Antragstellers ohne belastbare Anhaltspunkte anstellen kann, kann das Gericht von einer
Aufforderung zur Stellungnahme absehen.[14]

Eine vorherige Anhörung kann daher in folgenden Fällen unzweckmäßig sein: **29**

- Antrag auf Erlass eines Arrestes oder einer einstweiligen Verfügung
- Antrag auf Erlass einer einstweiligen Anordnung wegen Unterhalt bei bestehender Notlage
  des Antragstellers[15]
- Vollstreckung zur Nachtzeit
- Vollstreckung einer Durchsuchungsanordnung
- Forderungspfändungen.

In der Praxis ist zu beobachten, dass manche Gerichte sehr lange für eine Entscheidung über den   **30**
PKH-Antrag benötigen. Es bleibt abzuwarten, ob die Anhörungspflicht künftig zu einer weiteren Ver-
zögerung führen wird, denn vermutlich wird die Frist zur Stellungnahme des Antragsgegners – wenn
nicht eine besondere Eilbedürftigkeit gegeben ist – wohl mindestens zwei Wochen betragen.[16]

> *Praxistipp:*   **31**
>
> In den neuen seit 1.3.2013 zwingend zu verwendenden Formularen[17] für einen Antrag auf Er-
> lass eines Pfändungs- und Überweisungsbeschlusses kann auf Seite 9 (Pfüb insbesondere we-
> gen gewöhnlicher Geldforderungen) bzw. auf Seite 10 (Unterhaltspfüb) in dem dortigen freien
> Feld (in den dortigen Hilfslinien) beantragt werden, den Anwalt/die Kanzlei beizuordnen und
> von einer Anhörung abzusehen.

Der Antragsgegner erhält im Übrigen keinen prozessualen Kostenerstattungsanspruch, wenn die   **32**
begehrte PKH abgelehnt und ein Hauptsacheverfahren vom Antragsteller nicht betrieben wird.
Häufig hat er jedoch ein Interesse daran, dass der PKH-Antrag abgelehnt wird und er möglicherweise auf diese Weise einem Klageverfahren entgeht, weil der Antragsteller ohne PKH nicht kla-

---

13 BGBl I 2013 (Nr. 55), S. 3533, Art. 1, Nr. 6.
14 BT-Drucks 17/11472 v. 14.11.2012, Begründung zu Art. 1 Nr. 6 aa), S. 31.
15 Zöller/*Geimer*, 30. Aufl. 2014, § 118 Rn 3.
16 Vgl. dazu auch: Zöller/*Geimer*, 30. Aufl. 2014, § 118 Rn 4.
17 Am 31.8.2012 wurde die Verordnung über Formulare für die Zwangsvollstreckung (Zwangsvollstreckungsformular-
  Verordnung-ZVFV) im Bundesgesetzblatt verkündet; sie ist am 1.9.2012 in Kraft getreten, BGBl I 2012, S. 1822.

gen möchte. Bei Vertretung eines Antragsgegners im PKH-Prüfungsverfahren sollte daher ein Hinweis auf entstehende Kosten und mangelnde Kostenerstattung erfolgen. Vor- und Nachteile sind abzuwägen. Zur Stellungnahme bedarf es im Übrigen – auch im PKH-Verfahren vor dem Landgericht – keines Anwaltszwangs. Die Stellungnahme kann auch zu Protokoll der Geschäftsstelle erklärt werden.

33   Die im Regierungsentwurf zunächst geplante Regelung, die Unterlagen des Antragstellers dem Antragsgegner ausnahmsweise zugänglich zu machen,

- wenn der Antragsteller zustimmt oder
- der Gegner gegen den Antragsteller einen materiell-rechtlichen Anspruch auf Auskunft über Einkommen und Vermögen hat,

wurde im Laufe des Gesetzgebungsverfahrens **aufgegeben**. Die Erklärung und die Belege dürfen dem Gegner nur mit Zustimmung der Partei zugänglich gemacht werden; es sei denn, der Gegner hat gegen den Antragsteller nach dem BGB einen Anspruch auf Auskunft über Einkünfte und Vermögen des Antragstellers, wie z. B. bei Unterhalts- oder Zugewinnausgleichsansprüchen, § 117 Abs. 2 S. 2 ZPO.

34   Auch die zunächst geplante Neueinführung der Möglichkeit einer **Befugnis zur Auskunftseinholung der Gerichte bei konkret bezeichneten Dritten wurde nicht umgesetzt.**[18] Hier sollte das Gericht in einem neu gefassten § 118 Abs. 2 S. 3 und 4 ZPO weitreichende Erhebungsmöglichkeiten (ähnlich § 236 FamFG) erhalten, wenn es die Einholung zur Überprüfung der Angaben des Antragstellers oder Glaubhaftmachung für erforderlich halten würde.

E.   Eidesstattliche Versicherung des Antragstellers

35   Im Bewilligungsverfahren kann das Gericht

- verlangen, dass der Antragsteller seine tatsächlichen Angaben glaubhaft macht, § 118 Abs. 2 S. 1 ZPO
- Erhebungen anstellen, insbesondere die Vorlegung von Urkunden anordnen und Auskünfte einholen, § 118 Abs. 2 S. 2 ZPO
- Zeugen und Sachverständige (ausnahmsweise) vernehmen, wenn auf andere Weise nicht geklärt werden kann, ob die Rechtsverfolgung oder Verteidigung hinreichende Aussicht auf Erfolg bietet und nicht mutwillig erscheint (keine Beeidigung), § 118 Abs. 2 S. 3 ZPO.

36   Das Gericht kann künftig aber auch die Abgabe einer eidesstattlichen Versicherung einfordern, um vollständige und richtige Angaben zu erhalten.

37   Aus diesem Grund wurde daher in § 118 Abs. 2 S. 1 ZPO folgende **Änderung** zum 1.1.2014 vorgenommen:

a) *In Absatz 2 Satz 1 werden nach dem Wort „macht" die Wörter „, es kann insbesondere auch die Abgabe einer Versicherung an Eides statt fordern" eingefügt."*[19]

38   Der Gesetzgeber beabsichtigt, durch Aufnahme dieser Möglichkeit ins Gesetz, die Bereitschaft der Gerichte zu fördern, die eidesstattliche Versicherung abzunehmen, wenn konkrete Zweifel an den Angaben des Antragstellers bestehen.

Es bleibt abzuwarten, ob die Gerichte in der Praxis hiervon verstärkt Gebrauch machen werden.

39   *Praxistipp:*

Sofern der Anwalt selbst schon Zweifel an den Angaben des Mandanten hat, sollte er ihn nochmals explizit auf diese neue Möglichkeit und die Strafbarkeit einer falschen eidesstattlichen Versicherung hinweisen.

---

18 BT-Drucks 17/11472 v. 14.11.2012, Art. 1 Nr. 6 bb), S. 7.
19 BGBl I 2013 (Nr. 55), S. 3533, Art. 1, Nr. 6.

F. Zeitpunkt der vorläufigen Einstellung von Ratenzahlungen

§ 120 Abs. 3 und 4 ZPO in der bis 31.12.2013 geltenden Fassung: **40**

> *„(3) Das Gericht soll die vorläufige Einstellung der Zahlungen bestimmen,*
> 1. *wenn abzusehen ist, dass die Zahlungen der Partei die Kosten decken;*
> 2. *wenn die Partei, ein ihr beigeordneter Rechtsanwalt oder die Bundes- oder Landeskasse die Kosten gegen einen anderen am Verfahren Beteiligten geltend machen kann.*
>
> *(4) Das Gericht kann die Entscheidung über die zu leistenden Zahlungen ändern, wenn sich die für die Prozesskostenhilfe maßgebenden persönlichen oder wirtschaftlichen Verhältnisse wesentlich geändert haben; eine Änderung der nach § 115 Abs. 1 Satz 3 Nr. 1 Buchstabe b und Nr. 2 maßgebenden Beträge ist nur auf Antrag und nur dann zu berücksichtigen, wenn sie dazu führt, dass keine Monatsrate zu zahlen ist. Auf Verlangen des Gerichts hat sich die Partei darüber zu erklären, ob eine Änderung der Verhältnisse eingetreten ist. Eine Änderung zum Nachteil der Partei ist ausgeschlossen, wenn seit der rechtskräftigen Entscheidung oder sonstigen Beendigung des Verfahrens vier Jahre vergangen sind.“*

Änderung zum 1.1.2014:   **41**

> *„§ 120 wird wie folgt geändert:*
> a) *In Absatz 1 Satz 2 wird die Angabe „§ 115 Abs. 1 Satz 3 Nr. 4“ durch die Wörter „§ 115 Absatz 1 Satz 3 Nummer 5“ ersetzt.*
>
> *Absatz 3 Nummer 1 wird wie folgt gefasst:*
> b) *„1. wenn die Zahlungen der Partei die voraussichtlich entstehenden Kosten decken;“.*
> c) *Absatz 4 wird aufgehoben.“*[20]

Bei der Änderung in a) handelt es sich um eine redaktionelle Folgeanpassung.

Die Änderung in b) zu § 120 Abs. 3 Nr. 1 ZPO wird seitens des Gesetzgebers für erforderlich ge-   **42**
halten, da die Frage strittig war, ob das Gericht die vorläufige Einstellung der Zahlungen zu bestimmen hat, wenn die gezahlten Raten die bisher angefallenen Kosten oder aber auch künftig
noch nicht zur Zahlung fällige Kosten decken. Durch die Neuformulierung soll den Gerichten
ein gesteigerter Überwachungsaufwand erspart werden, da sie künftig erst dann die vorläufige
Einstellung der Zahlungen anzuordnen haben, wenn die gesamten voraussichtlich entstehenden
Kosten des Rechtsstreits gedeckt sind, soweit sie von § 122 ZPO erfasst sind.[21] Dabei wird künftig
für den Antragsteller eine Pflicht bestehen, auch für voraussichtlich entstehende, aber noch nicht
fällig gewordene Kosten Raten zu zahlen. Sein Vorteil gegenüber der vermögenden Partei ist,
dass er bereits entstandene Kosten nur ratenweise zahlen muss.

Die bisherige zum 1.1.2014 aufgehobene Regelung in § 120 Abs. 4 ZPO wird ab 1.1.2014 in   **43**
§ 120a Abs. 1 ZPO n.F. zu finden sein.

---

20 BGBl I 2013 (Nr. 55), S. 3533, Art. 1, Nr. 7.
21 BT-Drucks 17/11472 v. 14.11.2012, Begründung zu Art. 1 Nr. 7, S. 32 f.

G. Änderung der Bewilligung – Neueinfügung des § 120a ZPO

I. Gesetzliche Änderung

44   Die **gravierendsten Änderungen** werden zum 1.1.2014 durch Einführung des § 120a ZPO n.F. vorgenommen (Fettdruck durch die Verfasserin):

> *„§ 120a Änderung der Bewilligung*
>
> *(1) Das Gericht* **soll** *die Entscheidung über die zu leistenden Zahlungen ändern, wenn sich die für die Prozesskostenhilfe maßgebenden persönlichen oder wirtschaftlichen Verhältnisse* **wesentlich verändert** *haben. Eine Änderung der nach § 115 Absatz 1 Satz 3 Nummer 1 Buchstabe b und Nummer 2 maßgebenden Beträge ist nur auf Antrag und nur dann zu berücksichtigen, wenn sie dazu führt, dass keine Monatsrate zu zahlen ist. Auf Verlangen des Gerichts muss die Partei* **jederzeit** *erklären, ob eine Veränderung der Verhältnisse eingetreten ist. Eine Änderung zum Nachteil der Partei ist ausgeschlossen, wenn seit der rechtskräftigen Entscheidung oder der sonstigen Beendigung des Verfahrens* **vier Jahre** *vergangen sind.*
>
> *(2) Verbessern sich vor dem in Absatz 1 Satz 4 genannten Zeitpunkt die wirtschaftlichen Verhältnisse der Partei* **wesentlich** *oder* **ändert sich ihre Anschrift,** **hat** *sie dies dem Gericht* **unverzüglich** *mitzuteilen. Bezieht die Partei ein laufendes monatliches Einkommen, ist eine Einkommensverbesserung nur wesentlich, wenn die Differenz zu dem bisher zugrunde gelegten Bruttoeinkommen* **nicht nur einmalig 100 EUR übersteigt.** *Satz 2 gilt entsprechend, soweit* **abzugsfähige Belastungen entfallen.**
>
> *ierüber und über die Folgen eines Verstoßes ist die Partei bei der Antragstellung in dem gemäß § 117 Absatz 3 eingeführten Formular zu* **belehren.**
>
> *(3) Eine wesentliche Verbesserung der wirtschaftlichen Verhältnisse kann insbesondere dadurch eintreten, dass die Partei durch die Rechtsverfolgung oder Rechtsverteidigung etwas* **erlangt.** *Das Gericht* **soll** *nach der rechtskräftigen Entscheidung oder der sonstigen Beendigung des Verfahrens* **prüfen,** *ob eine Änderung der Entscheidung über die zu leistenden Zahlungen mit Rücksicht auf das durch die Rechtsverfolgung oder Rechtsverteidigung Erlangte geboten ist. Eine Änderung der Entscheidung ist ausgeschlossen, soweit die Partei bei rechtzeitiger Leistung des durch die Rechtsverfolgung oder Rechtsverteidigung Erlangten ratenfreie Prozesskostenhilfe erhalten hätte.*
>
> *(4) Für die Erklärung über die Änderung der persönlichen oder wirtschaftlichen Verhältnisse nach Absatz 1 Satz 3* **muss die Partei** *das gemäß § 117 Absatz 3* **eingeführte Formular benutzen.** *Für die Überprüfung der persönlichen und wirtschaftlichen Verhältnisse gilt § 118 Absatz 2 entsprechend."*[22]

II. Überprüfung der Voraussetzungen durch das Gericht

45   Der bisherige Inhalt des § 120 Abs. 4 ZPO findet sich nun wegen der Übersichtlichkeit in § 120a Abs. 1 ZPO n.F. wieder. Dabei hat der Gesetzgeber die Regelung nun als „Sollvorschrift" ausgestaltet (bisher „kann"). Es soll damit verdeutlicht werden, dass dem Gericht bei Vorliegen der Voraussetzungen für eine Änderung in der Regel kein Ermessensspielraum eingeräumt ist.[23] Ausnahmen in atypischen Fällen sind weiterhin aber möglich.

---

22 BGBl I 2013 (Nr. 55), S. 3533, Art. 1, Nr. 8.
23 BT-Drucks 17/11472 v. 14.11.2012, Begründung zu Art. 1 Nr. 8, S. 33 f.

Vorsicht: 46

Künftig kann das Gericht **jederzeit** – somit auch ohne besonderen Anlass – die Partei zur Abgabe einer Erklärung über mögliche Veränderungen ihrer persönlichen oder wirtschaftlichen Verhältnisse auffordern!

Das Gericht kann darüber hinaus auch – wie von vielen Gerichten schon praktiziert – regelmäßig 47
eine Überprüfung vornehmen.[24]

Das ursprüngliche Vorhaben, die Dauer der Überprüfungszeit von 48 auf 72 Monaten zu erhöhen, 48
wurde im Laufe des Gesetzgebungsverfahrens nicht mehr weiter verfolgt. Es ist daher bei der
Überprüfungsdauer – wie bisher – von vier Jahren geblieben.

III. Neue Mitteilungspflichten des Antragstellers

Der Gesetzgeber hat in § 120a Abs. 2 ZPO die Verpflichtung der Partei geregelt, **unaufgefordert** 49
eine **wesentliche Verbesserung ihrer wirtschaftlichen Verhältnisse** mitzuteilen und verweist
in seiner Gesetzesbegründung zur Einführung dieser Verpflichtung auf eine entsprechende Regelung in § 60 Abs. 1 Nr. 2 SGB I sowie § 4b InsO. Die bisherige Rechtsprechung zur bis 31.12.2013
geltenden Rechtslage sah eine solche Verpflichtung aus dem Umkehrschluss aus § 120 Abs. 4 S. 2
ZPO a.F. nicht.[25] Die Gerichte konnten daher von einer Verbesserung der wirtschaftlichen Verhältnisse bisher i.d.R. nur erfahren, wenn sie zur Abgabe einer erneuten Erklärung über die persönlichen und wirtschaftlichen Verhältnisse aufforderten.

Der Gesetzgeber geht durch die neue Mitteilungspflicht der bedürftigen Partei nur von einer geringen Mehrbelastung der Gerichte aus, da sich bei vielen Bedürftigen keine wesentlichen Verbesserungen ergeben werden, wie z.B. bei Rentnern.[26] 50

Möglicherweise werden die Anfragen der Gerichte durch diese Neuregelung nachlassen, weil auf 51
die selbstständige anlassbezogene Mitteilung der Bedürftigen vertraut wird. Dies bleibt in der Praxis abzuwarten.

Der Gesetzgeber gibt dabei im Fall der Einkommensverbesserung eine feste Wertgrenze für das 52
Vorliegen einer wesentlichen Veränderung vor: *„Bezieht die Partei ein laufendes monatliches
Einkommen, ist eine Einkommensverbesserung nur wesentlich, wenn die Differenz zu dem bisher
zugrunde gelegten Bruttoeinkommen nicht nur einmalig 100 EUR übersteigt."*

Die 100-€-Schwelle bezieht sich damit auf einen **Brutto-** und **nicht** auf einen **Nettobetrag**. 53

Mitgeteilt werden müssen aber nicht nur z.B. 54

■ **Gehaltserhöhungen**

sondern vielmehr auch entsprechende

■ **Einkommenserhöhungen** z.B. durch:

▪ geringere Mietbelastungen nach einem Umzug
▪ geringere vormals abzugsfähige Darlehenslasten z.B. nach Abzahlung oder auch
▪ geringere Belastungen durch Wegfall bisheriger Raten für einen früheren Prozess
▪ und andere Arten von Einkommenserhöhungen.

---

24 Vgl. dazu auch: BGH, Beschl. v. 5.11.2009, ZInsO 2009, 2405.
25 BT-Drucks 17/11472 v. 14.11.2012, Begründung zu Art. 1 Nr. 8, S. 33 f unter Verweis auf OLG Bamberg, Beschl. v. 16.11.1992, JurBüro 1993, 232 m.w.N.; OLG München, Beschl. v. 30.4.1991, FamRZ 1992, 702.
26 BT-Drucks, a.a.O.

55
Hinweis:

Die Mitteilungspflicht des Bedürftigen besteht auch dann, wenn sich durch die Verbesserung der wirtschaftlichen Verhältnisse keine zu leistenden Zahlungen für den Antragsteller und/ oder auch keine Aufhebung der PKH ergeben.

56   Für die **Praxis** stellen sich mit dieser Neuregelung **Fragen**, wie z.B.

- inwieweit der Anwalt gegenüber dem Auftraggeber in der Pflicht ist, auf diese anlassbezogene Mitteilungspflicht gesondert hinzuweisen
- ob der Anwalt verpflichtet ist, im Rahmen des Mandats die Mitteilung für den Auftraggeber vorzunehmen.

57   Der Gesetzgeber spricht in seiner Gesetzesbegründung ausschließlich von einer Pflicht des Bedürftigen. Im Hinblick auf die Rechtsprechung des BGH, dass Zustellungen im Überprüfungsverfahren nach § 120 Abs. 4, 124 ZPO (a.F.) gem. § 172 Abs. 1 ZPO an den Prozessbevollmächtigten zu erfolgen haben, unabhängig davon, ob das Hauptsacheverfahren beendigt ist oder nicht, lässt die Annahme zu, dass auch hier der Anwalt im Rahmen der ihm erteilten Prozessvollmacht gem. § 81 ZPO und seiner Nebenpflichten aus dem Anwaltsvertrag den Auftraggeber auch bei Erfüllung der Mitteilungspflichten zu „betreuen" hat.[27] Allerdings sollten Anwälte den hierdurch verursachten Mehraufwand nicht allzu negativ sehen, denn so erfahren sie schließlich von einer Aufhebung der PKH mit der Folge, dass die Vorteile des § 122 ZPO für den Bedürftigen entfallen und der Anwalt seine Differenzvergütung nun gegenüber dem Auftraggeber geltend machen kann.

58
Hinweis:

Das neue Formular zur Erklärung über die persönlichen und wirtschaftlichen Verhältnisse (vgl. dazu § 5), enthält vor der Unterschriftenzeile wichtige Hinweise. Unter anderem auch den Hinweis auf die Aufhebungsmöglichkeit, wenn die PKH-Partei ihre Mitteilungspflichten verletzt. Auch in den Ausfüllhinweisen zur Erklärung über die persönlichen und wirtschaftlichen Verhältnisse findet sich nochmals ein Hinweis. Diese sollten daher keinesfalls entfernt werden, z.B. um Porto zu sparen, oder „weil der Mandant den Inhalt eh nicht versteht". Es empfiehlt sich m.E. sogar, in einem gesonderten Anschreiben an den Mandanten auf diese anlassbezogene Mitteilungspflicht ausdrücklich auch nochmals hinzuweisen. Eine gesetzliche Pflicht für den Anwalt nochmals zusätzlich hinzuweisen besteht jedoch nicht.

59   Der Gesetzgeber führt zu dieser Mitteilungspflicht des Antragstellers in seiner Gesetzesbegründung aus:

„Auf ihre – zeitlich beschränkte – Mitteilungspflicht sowie die Möglichkeit der Aufhebung der Bewilligung im Falle eines Verstoßes (§ 124 Absatz 1 Nummer 4 – neu –) ist die bedürftige Partei gemäß Absatz 2 Satz 4 bereits bei der Antragstellung auf dem Formular nach § 117 Absatz 3 Satz 2 – neu – hinzuweisen. Im Gegensatz zur Bewilligungsentscheidung, die unter Umständen nicht der Partei selbst, sondern dem beigeordneten Rechtsanwalt zugeht, ist sichergestellt, dass die Partei vom Inhalt des von ihr zu unterzeichnenden Vordrucks Kenntnis nehmen kann. Weil eine Mitteilung nur Sinn macht, wenn eine Änderung der Bewilligungsentscheidung zum Nachteil der bedürftigen Partei noch möglich ist, endet die Mitteilungspflicht mit Eintritt des in Absatz 1 Satz 4 genannten Zeitpunkts, ... " Sollte eine Aufhebung

---

27 BGH, Beschl. v. 8.12.2010, Az.: XII ZB 40/09 BeckRS 2011, 01165; BGH, Beschl. v. 8.12.2010, Az.: XII ZB 38/09 BeckRS 2011, 01163; FamRZ 2011, 463; JurBüro 2011, 206; MDR 2011, 183; BGH, Beschl. v. 8.12.2010, Az.: XII ZB 39/09 BeckRS 2011, 01164; BGH, Beschl. v. 8.9.2011, Az.: VII ZB 63/10, NJOZ 2012, 13; JurBüro 2012, 94; MDR 2011, 1314; FamRZ 2011, 1867; der BGH vertritt die Auffassung, die im PKH-Bewilligungsverfahren erteilte Vollmacht erstreckt sich auch auf ein etwaiges PKH-Überprüfungsverfahren; vgl. dazu auch *Mayer*, FD-RVG 2011, 313779.

der Bewilligung gemäß § 124 Absatz Nummer 1 – neu – ausgeschlossen sein, weil die Aufhebungsvoraussetzungen – etwa Absicht oder grobe Nachlässigkeit der Partei – nicht vorliegen, so bleibt eine rückwirkende Änderung der Zahlungen gemäß Absatz 1 möglich ...

Zur Überprüfung, ob der Prozesskostenhilfeempfänger seiner Mitteilungspflicht nachkommt, kann das Gericht jederzeit eine Erklärung gemäß Absatz 1 Satz 3 verlangen und diese Erklärung gemäß Absatz 4 Satz 2 mit den in § 118 Absatz 2 und 4 genannten Möglichkeiten auf ihre Richtigkeit überprüfen.

Ergänzend zur Pflicht, nachträgliche Verbesserungen der persönlichen und wirtschaftlichen Verhältnisse mitzuteilen, wird die bedürftige Partei verpflichtet, das Gericht auch über den Wechsel ihrer Anschrift zu informieren. Teilt sie einen Anschriftswechsel nicht von sich aus mit, ist das Gericht nicht oder nur nach aufwändigen Ermittlungen in der Lage, ein Verfahren zur Änderung oder Aufhebung der Bewilligung zu betreiben. "[28]

IV. Verpflichtung zum Einsatz des Erlangten

Durch die Neuregelung in § 120a Abs. 3 ZPO wird klargestellt, dass die Partei an den Prozesskosten beteiligt werden soll, wenn sie z.B. aufgrund eines **rechtskräftigen Urteils oder eines Vergleichs größere Geldzahlungen** erhält. Der Gesetzgeber orientiert sich damit an der Rechtsprechung des BGH, dass die Partei das nach PKH-Bewilligung erhaltene Vermögen und Einkommen zur Prozessfinanzierung einsetzen muss.[29]   **60**

Eine **Sonderstellung** dürften **Unterhaltsrückstände** einnehmen, denn hier wird der Einsatz des Erlangten nur für zumutbar gehalten, soweit die Partei den Unterhalt auch bei rechtzeitiger Leistung für die Prozesskosten hätte einsetzen müssen.[30]   **61**

Dabei wird in der Regel eine Verbesserung der Vermögensverhältnisse durch das mit dem Prozess Erlangte auf Klägerseite erfolgen; seltener – aber durchaus möglich – auf Seiten des Beklagten, z.B. wenn er eine Abfindung bei einem Räumungsrechtsstreit erhält.   **62**

V. Formularpflicht auch bei Überprüfungsverfahren

Sowohl bei der erstmaligen Antragstellung als auch bei späterer Anforderung im **Rahmen einer Überprüfung** ist das **vorgeschriebene Formular** für die Erklärung über die persönlichen und wirtschaftlichen Verhältnisse zu nutzen. Dies ergibt sich nunmehr unmissverständlich aus § 120a Abs. 4 ZPO. Dies soll dem Gericht den Vergleich von ursprünglicher und nachträglicher Erklärung ohne großen Aufwand ermöglichen.   **63**

---

28 BT-Drucks 17/11472 v. 14.11.2012, Begründung zu Art. 1 Nr. 8, S. 33 f.

29 BT-Drucks 17/11472, a.a.O. unter Hinweis auf BGH, Beschl. v. 18.7.2007, FamRZ 2007, 1720.

30 BT-Drucks 17/11472, a.a.O.

H. Aufhebungsmöglichkeiten

I. Gesetzliche Änderung § 124 ZPO

64 § 124 ZPO – Aufhebung der Bewilligung – Fassung bis zum 31.12.2013:

> *„Das Gericht kann die Bewilligung der Prozesskostenhilfe aufheben, wenn*
>
> 1. *die Partei durch unrichtige Darstellung des Streitverhältnisses die für die Bewilligung der Prozesskostenhilfe maßgebenden Voraussetzungen vorgetäuscht hat;*
> 2. *die Partei absichtlich oder aus grober Nachlässigkeit unrichtige Angaben über die persönlichen oder wirtschaftlichen Verhältnisse gemacht oder eine Erklärung nach § 120 Abs. 4 Satz 2 nicht abgegeben hat;*
> 3. *die persönlichen oder wirtschaftlichen Voraussetzungen für die Prozesskostenhilfe nicht vorgelegen haben; in diesem Fall ist die Aufhebung ausgeschlossen, wenn seit der rechtskräftigen Entscheidung oder sonstigen Beendigung des Verfahrens vier Jahre vergangen sind;*
> 4. *die Partei länger als drei Monate mit der Zahlung einer Monatsrate oder mit der Zahlung eines sonstigen Betrages im Rückstand ist."*

65 Der Gesetzgeber hat § 124 ZPO zum 1.1.2014 wie folgt **geändert** (Fettdruck durch die Verfasserin):

> *§ 124 wird wie folgt geändert:*
>
> a) *Der Wortlaut wird Absatz 1 und wie folgt geändert:*
>   aa) *In dem Satzteil vor Nummer 1 wird das Wort „kann" durch das Wort **„soll"** ersetzt.*
>   bb) *In Nummer 2 werden die Wörter „§ 120 Abs. 4 Satz 2 nicht" durch die Wörter „§ 120a Absatz 1 Satz 3 **nicht oder ungenügend"** ersetzt.*
>   cc) *Nach Nummer 3 wird folgende Nummer 4 eingefügt:*
>   *„4. die Partei entgegen § 120a Absatz 2 Satz 1 bis 3 dem Gericht wesentliche Verbesserungen ihrer Einkommens- und Vermögensverhältnisse oder Änderungen ihrer Anschrift absichtlich oder aus grober Nachlässigkeit unrichtig oder nicht unverzüglich mitgeteilt hat;".*
>   dd) *Die bisherige Nummer 4 wird Nummer 5.*
> b) *Der Wortlaut wird Absatz 1 und wie folgt geändert:*
>   *„ (2) Das Gericht kann die **Bewilligung der Prozesskostenhilfe aufheben**, soweit die von der Partei beantragte **Beweiserhebung** aufgrund von Umständen, die im Zeitpunkt der Bewilligung der Prozesskostenhilfe noch nicht berücksichtigt werden konnten, keine hinreichende Aussicht auf Erfolg bietet oder der Beweisantritt mutwillig erscheint."*[31]

II. Aufhebung als „Sollvorschrift"

66 Da die Bedeutung des Wortes „kann" in Rechtsprechung und Literatur umstritten ist, hat der Gesetzgeber nunmehr die Regelung in § 124 Abs. 1 ZPO (Aufhebung) als „Sollvorschrift" festgelegt. Dabei wird durch die Umformulierung aber nicht jeglicher Ermessensspielraum des Gerichts unterbunden. In besonders gelagerten Einzelfällen ist es möglich, dass das Gericht die PKH nicht aufhebt.

67 Die Änderung in § 124 Abs. 1 Nr. 2 und 4 ZPO ist den Änderungen in §§ 120, 120a ZPO n.F. geschuldet. Es wird klargestellt, dass eine Aufhebung auch dann erfolgen soll, wenn die Partei die

---

31 BGBl I 2013 (Nr. 55), S. 3533, Art. 1, Nr. 9.

Erklärung über die persönlichen und wirtschaftlichen Verhältnisse auf Nachfragen nicht oder nur ungenügend abgibt oder ihre Angaben in der Erklärung nicht genügend glaubhaft macht.

Das Gericht **soll** daher die PKH aufheben, wenn die Partei   68

- eine neue Erklärung über die persönlichen und wirtschaftlichen Verhältnisse **nicht** abgibt
- die Erklärung über die persönlichen und wirtschaftlichen Verhältnisse nicht richtig abgibt
- von sich aus keine Mitteilung über eine geänderte Anschrift macht
- von sich aus keine Mitteilung über eine wesentliche Verbesserung ihrer wirtschaftlichen Verhältnisse macht
- ihre Angaben nicht genügend glaubhaft macht.

III. Entschuldigungsgründe rechtzeitig vortragen

Entschuldbar wäre allenfalls eine unabsichtliche und nicht grob nachlässige Pflichtverletzung.   69

Praxistipp: 70

Hier sollte entsprechend rechtzeitig zu etwaigen Entschuldigungsgründen vorgetragen werden, wenn erst bei Anforderung durch das Gericht die Missachtung dieser Hinweispflicht durch den Mandanten in der Kanzlei auffällt.

IV. Teilaufhebung bei mutwilliger oder aussichtsloser Beweiserhebung

Hinweis: 71

Seit 1.1.2014 ist eine **Teilaufhebung der PKH** für bestimmte Beweiserhebungen möglich!

Der Gesetzgeber begründet diese neue Möglichkeit der Teilaufhebung damit, dass auch die wirt-   72
schaftlich vernünftig denkende Partei nicht nur zu Beginn des Verfahrens Überlegungen dahingehend anstellt, ob sie diesen Prozess führt, sondern auch im laufenden Verfahren abwägt, ob Kosten z.B. für die Einholung eines Sachverständigengutachtens zweckmäßig sind.[32]

Damit kann das Gericht nach § 124 Abs. 2 ZPO n.F. eine Teilaufhebung der PKH vornehmen,   73
wenn

- der Beweisantritt mutwillig ist oder
- der Beweisantritt keine hinreichende Aussicht auf Erfolg bietet.

Eine Teilaufhebung wird damit künftig möglich sein, wenn konkrete und nachvollziehbare An-   74
haltspunkte dafür vorliegen, dass die Beweisaufnahme mit großer Wahrscheinlichkeit zum Nachteil des Antragstellers ausgehen würde. Es können allerdings nur solche Umstände zur teilweisen Aufhebung der PKH führen, die im Zeitpunkt ihrer Bewilligung noch nicht berücksichtigt werden konnten.

Hinweis: 75

Die Teilaufhebung ist ebenso wie die vollständige Aufhebung mit der sofortigen Beschwerde gem. § 127 Abs. 2 S. 2 ZPO (Notfrist, 1 Monat ab Bekanntgabe) anfechtbar.[33]

Es bleibt abzuwarten, wie häufig die Gerichte von der neuen Möglichkeit der Teilaufhebung Ge-   76
brauch machen werden. Bei Gutachten, die z.B. aus taktischen Gründen angeboten werden (z.B. im Umgangsrechtsverfahren) muss künftig jedenfalls mit einer Teilaufhebung gerechnet werden.

---

32 BT-Drucks 17/11472 v. 14.11.2012 zu Nr. 9b) S. 35.
33 So auch der Gesetzgeber in: BT-Drucks 17/11472 v. 14.11.2012 zu Nr. 9b) S. 35.

I. Redaktionelle Anpassung in § 127 ZPO

77   *„§ 127 wird wie folgt geändert:*

a) *In Absatz 2 Satz 3 werden die Wörter „des § 569 Abs. 1 Satz 1" gestrichen.*
b) *In Absatz 3 Satz 3 werden die Wörter „des § 569 Abs. 1 Satz 1" gestrichen. "*[34]

78   Die im Rahmen des Gesetzgebungsverfahrens zunächst geplante Ausweitung des Beschwerderechts der Staatskasse (Beschwerde der Staatskasse auch dann, wenn die persönlichen und wirtschaftlichen Voraussetzungen für die Bewilligung überhaupt nicht vorliegen) wurde wieder aufgegeben. Es bleibt diesbezüglich bei den bisherigen Beschwerdemöglichkeiten (siehe Rn 79 ff.).

J. Rechtsmittel im PKH-Verfahren

79   Die Anfechtungsmöglichkeiten im PKH-Verfahren haben sich zum 1.1.2014 nicht geändert. Aufgrund ihrer Wichtigkeit für die Praxis soll nachstehend eine Übersicht über die Rechtsmittelmöglichkeiten gegeben werden.

I. Anfechtung bei Bewilligung der PKH

80   Die **Bewilligung der PKH** kann nur wie folgt angefochten werden:

Sofortige Beschwerde der Staatskasse,

- wenn weder Monatsraten noch aus dem Vermögen zu zahlende Beträge festgesetzt worden sind;
- die Beschwerde kann nur darauf gestützt werden, dass die Partei nach ihren persönlichen und wirtschaftlichen Verhältnissen Zahlungen zu leisten hat;
- Notfrist, einen Monat, § 127 Abs. 3 S. 3
- die Frist beginnt mit Bekanntgabe des Beschlusses zu laufen;
- nach Ablauf von drei Monaten seit Verkündung der Entscheidung ist die Beschwerde unstatthaft;
- wird die Entscheidung nicht verkündet, tritt an die Stelle der Verkündung der Zeitpunkt, in dem die unterschriebene Entscheidung der Geschäftsstelle übermittelt wird.

81   *„Der Staatskasse steht gemäß § 127 Abs. 2 Satz 1, Abs. 3 Satz 1 und 2 ZPO im Prozesskostenhilfebewilligungsverfahren ein Beschwerderecht auch gegen Entscheidungen nach § 120 Abs. 4 ZPO zu, durch die eine Änderung der zuvor ratenfrei bewilligten Prozesskostenhilfe durch Anordnung von Zahlungen abgelehnt wird. "*[35]

82   **Kein Beschwerderecht der Staatskasse** besteht, gegen

- die Höhe der festgesetzten Rate oder dem einzusetzenden Vermögen[36]
- eine rückwirkende Bewilligung[37]
- die Beiordnung eines Rechtsanwalts[38]
- die Bewilligung für zwei getrennte Prozesse (statt Anordnung der Prozessverbindung; dies betrifft auch die Frage der Mutwilligkeit).[39]

---

34 BGBl I 2013 (Nr. 55), S. 3533, Art. 1, Nr. 10.
35 BGH, Beschl. v. 8.5.2013, XII ZB 282/12; NJW 2013, 2289.
36 Zöller/*Geimer*, ZPO, 30. Aufl. 2014, § 127, Rn 17.
37 OLG Köln, FamRZ 1997, 683.
38 LG Bielefeld, JurBüro 1987, 1100; Zöller/*Geimer*, ZPO, 30. Aufl. 2014, § 127 Rn 19.
39 OLG Oldenburg, FamRZ 1996, 1428.

Wichtig: 83

Hat die Beschwerde der Staatskasse Erfolg, so darf das Gericht aber nicht anordnen, dass die
Partei rückwirkend Ratenzahlungen zu leisten hat.[40]

II. Anfechtung bei Ablehnung der PKH

Sofortige Beschwerde des Antragstellers   84

- bei **Ablehnung** aufgrund **mangelnder Erfolgsaussicht oder Mutwilligkeit** nur, wenn der
  Streitwert der Hauptsache den in § 511 genannten Betrag (600,00 €) übersteigt; Notfrist, einen Monat, § 127 Abs. 2 S. 2 u. 3 ZPO.
- bei **Ablehnung** aufgrund der **persönlichen oder wirtschaftlichen Voraussetzungen**; Notfrist, einen Monat, § 127 Abs. 2 S. 2 und 3 ZPO[41]
- z.B. Beschwerde gegen Festsetzung von Raten oder Zahlungen aus dem Vermögen
- teilweiser Ablehnung der PKH
- Ablehnung der Beiordnung eines RA[42]
- PKH-Wirkung ist auf Zeitpunkt nach Antragstellung datiert.

Vorsicht: 85

Das Beschwerderecht gegen die Ablehnung der Beiordnung eines RA steht i.d.R. nur der Partei, nicht aber dem Anwalt selbst zu. Daher ist die Beschwerde auch „namens und im Auftrag
des Antragstellers" einzureichen!

Wird die Beiordnung des Rechtsanwalts **gegen den Willen** des Rechtsanwalts aufgehoben, kann   86
dieser nach Ansicht der herrschenden Rechtsprechung analog § 78c Abs. 3 ZPO Beschwerde ein-
legen,[43] dies gilt jedoch nicht, wenn die Aufhebung der PKH gem. § 124 ZPO erfolgt.

Sofern das Gericht den Anwalt zu den Bedingungen eines „ortsansässigen Anwalts" beiordnet,   87
steht **dem Anwalt** ein Erinnerungs-/Beschwerderecht zu,[44] da er allenfalls zu den einschränkenden Bedingungen eines „im Gerichtsbezirk ansässigen Anwalts" beigeordnet werden darf.[45] Dabei wird in solchen Fällen auch ein Beschwerderecht des **Antragstellers** angenommen.[46]

Die sofortige Beschwerde ist weiter zuzulassen, wenn das Gericht über einen so **langen Zeitraum**   88
nicht über den Antrag entscheidet, dass dies einer Ablehnung gleichkommt.[47]

Sofern die Beschwerde des Antragstellers zurückgewiesen oder verworfen wird, hat dieser eine   89
Gebühr nach Nr. 1812 KV GKG (Festgebühr 60,00 €) zu bezahlen. Eine Kostenerstattung ist ausgeschlossen, § 127 Abs. 4 ZPO. Rechtsanwaltsgebühren berechnen sich nach Nr. 3500 VV RVG
(0,5 Verfahrensgebühr). Selbst wenn die Staatskasse zu Unrecht die PKH abgelehnt hat, kann für
das Beschwerdeverfahren PKH nicht gewährt werden. In der Praxis bleibt der Rechtsanwalt daher
oft auf diesen Gebühren sitzen, wenn er keinen entsprechenden Vorschuss verlangt hat, da der
Mandant sie nicht bezahlen kann.

---

40 Zöller/*Geimer*, ZPO, 30. Aufl. 2014, § 127 Rn 17a.
41 Hier ist eine konkrete und einzelfallbezogene Begründung der Ablehnung erforderlich: Zöller/*Geimer*, ZPO,
   30. Aufl. 2014, § 127 Rn 3 ff.
42 Zöller/*Geimer*, ZPO, 30. Aufl. 2014, § 127 Rn 19.
43 OLG Karlsruhe, FamRZ 1996, 1428; OLG Brandenburg, FamRZ 2004, 213; **a.A.** OLG Naumburg, FamRZ 2007,
   916.
44 Analog §§ 56 Abs. 2, 33 Abs. 3 RVG, vgl. dazu Zöller/*Geimer*, ZPO, 30. Aufl. 2014, § 127 Rn 18.
45 Vgl. dazu § 121 ZPO.
46 Zöller/*Geimer*, ZPO, 30. Aufl. 2014, § 127 Rn 18.
47 Zöller/*Geimer*, ZPO, 30. Aufl. 2014, § 127 Rn 11.

90 Immer wieder bestätigt aktuelle Rechtsprechung, dass für das PKH-/VKH-Prüfungsverfahren keine PKH/VKH bewilligt werden kann. Das OLG Saarbrücken hat die schon bisher bekannte Rechtsprechung auch nach neuem seit 2009 geltenden Familien-Recht bestätigt, dass für eine Beschwerde gegen die Entscheidung im VKH-Prüfungsverfahren keine Verfahrenskostenhilfe bewilligt werden kann.[48]

III. Anfechtungsmöglichkeit des Antragsgegners?

91 Der Antragsgegner kann weder die Bewilligung noch die Ablehnung der PKH anfechten, da er nicht beschwert ist und die ZPO für ihn ein Rechtsmittel damit auch nicht vorsieht.

IV. Anfechtungsmöglichkeit des Rechtsanwalts?

92 Auch der Rechtsanwalt hat kein eigenes Beschwerderecht, selbst wenn er durch die Beiordnung und Bewilligung der PKH ggf. geringere Gebühren erhält, wenn die Tabelle zu § 49 RVG zur Anwendung kommt.[49]

K. Anwendbarkeit der ZPO auf die VKH nach FamFG

93 Für **Ehe- und Familienstreitsachen** erklärt § 113 Abs. 1 S. 2 FamFG die allgemeinen Vorschriften der ZPO und die Vorschriften der ZPO über das Verfahren vor den Landgerichten für entsprechend anwendbar. § 76 FamFG gilt in diesen Verfahren nicht, § 113 Abs. 1 S. 1 FamFG. Nach § 76 Abs. 1 FamFG finden jedoch für die **übrigen in § 111 FamFG genannten Familiensachen** ebenfalls die Vorschriften der ZPO über die PKH entsprechende Anwendung, soweit nichts anderes in den §§ 76 Abs. 2 ff. ZPO bestimmt ist. Nach § 76 Abs. 2 FamFG ist ein Beschluss, der im Verfahrenskostenhilfeverfahren ergeht, mit der sofortigen Beschwerde in entsprechender Anwendung der §§ 567 bis 572, 127 Abs. 2 bis 4 ZPO anfechtbar.

Damit gelten die unter Rn 80 bis 92 genannten Anfechtungsmöglichkeiten auch in sämtlichen Familiensachen.

L. Kostenentscheidung bei Klagerücknahme

94 *„Dem § 269 Absatz 4 wird folgender Satz angefügt:*

„Ist einem Beklagten Prozesskostenhilfe bewilligt worden, hat das Gericht über die Kosten von Amts wegen zu entscheiden.“[50]

95 Der Gesetzgeber begründet diese Neueinführung wie folgt:

„§ 59 des Rechtsanwaltsvergütungsgesetzes (RVG) sieht hin- sichtlich der von der Staatskasse nach den §§ 45 ff. RVG gezahlten Rechtsanwaltsvergütung nur in den Fällen einen Ersatz durch den unterlegenen Prozessgegner vor, in denen dem beigeordneten Rechtsanwalt gegen die Gegenpartei ein Erstattungsanspruch zusteht. Dies ist nach § 126 Absatz 1 lediglich dann der Fall, wenn der Gegner zur Zahlung der Prozesskosten verurteilt worden ist. Nach der geltenden Rechtslage besteht für die Landeskasse aber dann keine Möglichkeit einer Inanspruchnahme des Klägers, wenn dieser seine Klage gegen einen Beklagten zurück-

---

48 OLG Saarbrücken, Beschl. v. 25.5.2010, AZ: 6 WF 57/10, BeckRS 2010, 15518.
49 Vgl. dazu beispielhaft: OLG Stuttgart, FamRZ 2012, 650; OLG Köln, FamRZ 1997, 1283; *Büttner*, FÜR 2002, 500.
50 BGBl I 2013 (Nr. 55), S. 3533, Art. 1, Nr. 11.

nimmt, dem Prozesskostenhilfe gewährt worden ist, und der Beklagte – wie dies in der Praxis beobachtet wird – keinen Kostenantrag gemäß Absatz 4 stellt (vgl. OLG Düsseldorf, Beschl. v. 29.10.1998, Rpfleger 1999, 132). Mit der vorgeschlagenen Ergänzung des Absatzes 4 soll diese Lücke geschlossen werden, indem in der vorstehenden Fallgestaltung das Gericht über die Kostentragung von Amts wegen zu entscheiden hat."[51]

M. Übergangsrecht – EGZPO

„§ 40 EGZPO – Übergangsvorschrift zum Gesetz zur Änderung des Prozesskostenhilfe- und Beratungshilferechts   **96**

*Hat eine Partei **vor dem 1.1.2014 für einen Rechtszug PKH beantragt**, so sind für diesen Rechtszug die §§ 114 bis 127 ZPO, § 48 Abs. 1 Nr. 1 BRAO, § 4b InsO, § 11a ArbGG, § 397a StPO, § 77 Abs. 1 S. 2 und § 168 Abs. 2 S. 2 FamFG, § 12 Satz 1 RVG sowie die §§ 136 und 137 PatG in der bis zum 31.12.2013 geltenden Fassung anzuwenden. Eine Maßnahme der Zwangsvollstreckung gilt als besonderer Rechtszug."*[52]

In der Gesetzesbegründung verweist der Gesetzgeber auf das **Datum des Eingangs bei Gericht**:   **97**

*„Die Übergangsvorschriften sollen den mit der Umstellung auf das neue Recht verbundenen Aufwand der Gerichte begrenzen. Das neue Recht soll daher nicht gelten, soweit eine Partei vor dem Inkrafttreten dieses Gesetzes ihren Antrag auf Bewilligung von Prozesskostenhilfe gestellt hat; **abzustellen ist auf das Datum des Eingangs bei Gericht**. Dabei steht eine Maßnahme der Zwangsvollstreckung einem besonderen Rechtszug gleich."*[53]

Es gilt damit nicht das Datum des Antrags. Wurde der Antrag beispielsweise am 30.12.2013 gefertigt, ging aber erst am 2.1.2014 bei Gericht ein, gilt neues Recht!   **98**

---

51 BT-Drucks 17/11472 v. 14.11.2012, Begründung zu Art. 1 Nr. 11, S. 36.
52 BGBl I 2013 (Nr. 55), S. 3533, Art. 5.
53 BT-Drucks 17/11472 v. 14.11.2012, Begründung zu Art. 5, S. 46.

§ 2 Änderung des Beratungshilfegesetzes

A. Voraussetzungen für die Beratungshilfe – § 1 BerHG

I. Gesetzliche Änderung in § 1 BerHG

Die bisherige Fassung des § 1 BerHG lautet wie folgt: **1**

> *„(1) Hilfe für die **Wahrnehmung von Rechten** außerhalb eines gerichtlichen Verfahrens und im obligatorischen Güteverfahren nach § 15a des Gesetzes betreffend die Einführung der Zivilprozessordnung (Beratungshilfe) wird auf Antrag gewährt, wenn*
>
> 1. *der Rechtsuchende die erforderlichen Mittel nach seinen persönlichen und wirtschaftlichen Verhältnissen nicht aufbringen kann,*
> 2. *nicht andere Möglichkeiten für eine Hilfe zur Verfügung stehen, deren Inanspruchnahme dem Rechtsuchenden zuzumuten ist,*
> 3. *die Wahrnehmung der Rechte nicht mutwillig **ist**.*
>
> *(2) Die Voraussetzungen des Absatzes 1 Nr. 1 sind gegeben, wenn dem Rechtsuchenden Prozeßkostenhilfe nach den Vorschriften der Zivilprozeßordnung ohne einen eigenen Beitrag zu den Kosten zu gewähren wäre."*

§ 1 BerHG wurde zum 1.1.2014 wie folgt geändert: **2**

> a) *In Absatz 1 Nummer 3 werden die Wörter „Wahrnehmung der Rechte" durch die Wörter „Inanspruchnahme der Beratungshilfe" und wird das Wort „ist" durch das Wort „erscheint" ersetzt.*
>
> b) *Dem Absatz 2 wird folgender Satz angefügt:*
> *„Die Möglichkeit, sich durch einen Rechtsanwalt unentgeltlich oder gegen Vereinbarung eines Erfolgshonorars beraten oder vertreten zu lassen, ist keine andere Möglichkeit der Hilfe im Sinne des Absatzes 1 Nummer 2."*
>
> c) *Folgender Absatz 3 wird angefügt:*
> *„(3) Mutwilligkeit liegt vor, wenn Beratungshilfe in Anspruch genommen wird, obwohl ein Rechtsuchender, der keine Beratungshilfe beansprucht, bei verständiger Würdigung aller Umstände der Rechtsangelegenheit davon absehen würde, sich auf eigene Kosten rechtlich beraten oder vertreten zu lassen. Bei der Beurteilung der Mutwilligkeit sind die Kenntnisse und Fähigkeiten des Antragstellers sowie seine besondere wirtschaftliche Lage zu berücksichtigen."*[1]

II. „Pro bono" ist keine andere Hilfsmöglichkeit

Die Beratungshilfe darf nicht mit dem Hinweis verwehrt werden, dass es Anwälte oder Kanzleien   **3**
gibt, die solche Mandate pro bono oder auf Erfolgshonorarbasis übernehmen. Es wird deshalb
ausdrücklich geregelt, dass die Möglichkeit, unentgeltlichen Rechtsrat oder Rechtsrat auf Erfolgshonorarbasis in Anspruch zu nehmen keine andere Hilfsmöglichkeit darstellt.

Der Bund Deutscher Rechtspfleger hält daher m.E. zu Recht die Abfrage im Antrag auf Bewilligung von Beratungshilfe unter „B" für bedenklich und verweist dabei auf Folgendes: **4**

> *„Der Antragsteller hat in der Regel nicht den Überblick, welche anderweitigen Hilfemöglichkeiten es überhaupt gibt. Er kann also nicht guten Gewissens versichern, dass diese nicht vorhanden ist. Auch in den Ausfüllhinweisen wird nur auf Mieterverein pp. verwiesen, nicht aber*

---

[1] BGBl I 2013 (Nr. 55), S. 3533, Art. 2, Nr. 1.

auf die gängigen tatsächlichen Hilfemöglichkeiten, die lokal unterschiedlich sind. Die anderweitige Hilfemöglichkeit muss auch nicht „kostenlos beraten und vertreten", sondern „zumutbar" sein. So ist auch die (kostenpflichtige) Verbraucherzentrale (je nach Region und Fall) in der Regel eine zumutbare anderweitige Hilfemöglichkeit, obgleich nicht kostenlos."[2]

III. Konkretisierung des Begriffs der Mutwilligkeit

5 Der Gesetzgeber konkretisiert den Begriff der Mutwilligkeit. Künftig soll bei der Frage der Mutwilligkeit nicht mehr auf die Mutwilligkeit der Rechtewahrnehmung sondern vielmehr der Inanspruchnahme der Beratungshilfe abgestellt werden. Mutwillig im Sinne des § 1 BerHG kann künftig daher der Fall sein, wenn der Rechtssuchende sich zur Wahrnehmung seiner Rechte eines Anwalts (der Beratungshilfe) bedient, statt z.B. selbst durch einfache Rücksprache mit dem Gegner seine Rechte wahrzunehmen. Auch wenn ein Rechtssuchender lediglich eine Ratenzahlungsvereinbarung treffen möchte, kann er dies nach Ansicht des Gesetzgebers ohne anwaltliche Hilfe tun.

6 Mit der Klarstellung, dass die Rechtsverfolgung „mutwillig erscheint" und nicht „mutwillig ist", werden weniger strenge Anforderungen an das Kriterium „Mutwilligkeit" gestellt.

7 Bei der Frage, ob eine Inanspruchnahme der Beratungshilfe mutwillig erscheint, ist ein Vergleich zwischen dem bedürftigen Rechtssuchenden und dem verständigen Selbstzahler vorzunehmen. Dabei ist jedoch ein individueller Maßstab zugrunde zu legen. Denn der ggf. sozial schwache und wenig gebildete bedürftige Rechtssuchende soll gegenüber dem Durchschnittsbürger nicht benachteiligt sein.

8 Der Gesetzgeber führt dazu dann auch aus:

> *„Zum einen stellt die Vorschrift deshalb auf die individuellen Kenntnisse und Fähigkeiten des Antragstellers ab und trägt damit der Tatsache Rechnung, dass einkommensschwache Personen nicht selten unterdurchschnittlich gebildet sowie rede- und schreibgewandt sind (vgl. Schoreit/Groß, Beratungshilfe, Prozesskostenhilfe, Verfahrenskostenhilfe, 10. Auflage, § 1 BerHG, Rn 108). Soweit sich der Rechtspfleger diesbezüglich nicht ohnehin bei der Antragstellung einen persönlichen Eindruck vom Rechtsuchenden verschaffen kann, sollen für die Beurteilung in der Regel die sich aus dem Antragsformular ergebenden Gesichtspunkte, insbesondere zu Beruf und Erwerbstätigkeit, ausreichen. Zum anderen sind bei der Beurteilung die besonderen wirtschaftlichen Verhältnisse des Rechtsuchenden zu berücksichtigen. Denn in der angespannten wirtschaftlichen Situation eines Beratungshilfeempfängers können auch geringe Forderungen für den Einzelnen erheblich bedeutsamer sein als für Bürgerinnen und Bürger, deren wirtschaftliche Lage einen gewissen Spielraum zulässt. So kann es in der Situation eines Beratungshilfeempfängers berechtigt sein, eine geringe Forderung auf ihre Realisierbarkeit hin prüfen zu lassen, auch wenn ein selbstzahlender Gläubiger in Abwägung der Kosten für die Rechtsberatung einerseits sowie des potenziellen Vermögenszuwachses und der Chancen auf die Realisierbarkeit der Forderung andererseits auf anwaltlichen Rat verzichtet hätte. Mutwilligkeit kann anhand dieses Vergleichs aber etwa dann vorliegen, wenn der Rechtsuchende Beratungshilfe durch Vertretung in Anspruch nimmt, obwohl die Beratung ergeben hat, dass die beabsichtigte Rechtsverfolgung oder -verteidigung keine Aussicht auf Erfolg hat."[3]*

---

2 Stellungnahme Bund Deutscher Rechtspfleger vom 1.11.2013, Ziff. 4., Abschnitt B, b), S. 5.
3 BT-Drucks 17/11472 v. 14.11.2012, Begründung zu Art. 2 Nr. 1, S. 36 f.

Nach Ansicht des Gesetzgebers kann **Mutwilligkeit** vorliegen, wenn 9

- keine gebotene Eigeninitiative vom Rechtsuchenden ergriffen wird oder z.B.
- wiederholt Anträge in derselben Angelegenheit gestellt werden (Einholung einer zweiten Meinung).

Nicht „generell mutwillig" ist nach Ansicht des Gesetzgebers, wenn der Rechtssuchende nach Kündigung eines Mandats einen **neuen Anwalt** beauftragt.

B. Umfang der Beratungshilfe

I. Gesetzliche Änderung in § 2 BerHG

„§ 2 Abs. 1 BerHG wurde zum 1.1.2014 folgender Satz angefügt: 10

Eine Vertretung ist erforderlich, wenn der Rechtsuchende nach der Beratung angesichts des Umfangs, der Schwierigkeit oder der Bedeutung der Rechtsangelegenheit für ihn seine Rechte nicht selbst wahrnehmen kann.

§ 2 Abs. 2 BerHG wurde zum 1.1.2014 wie folgt geändert: 11

a) Satz 1 wird wie folgt gefasst:
„Beratungshilfe nach diesem Gesetz wird in allen rechtlichen Angelegenheiten gewährt."
b) Satz 3 wird aufgehoben."[4]

II. Erforderlichkeit der Vertretung

Der Gesetzgeber möchte aufgrund der bisherigen Auslegungsschwierigkeiten in § 2 BerHG einen 12
Maßstab schaffen, anhand dessen das Tatbestandsmerkmal der „Erforderlichkeit" zu beurteilen ist. Für die Erforderlichkeit wird daher künftig auf folgende Parameter abgestellt:

- Umfang und Schwierigkeit der Rechtsangelegenheit
- Bedeutung der Rechtsangelegenheit für den Rechtssuchenden
- individuelle Möglichkeiten der Selbstvertretung des konkreten Rechtssuchenden (nicht des „durchschnittlichen").

Eine Rolle spielen bei der Beurteilung künftig daher möglicherweise auch: 13

- die Schulbildung
- die sonstige Bildung
- die Komplexität des Falles.

Allerdings hat der Gesetzgeber das ursprüngliche Vorhaben aufgegeben, im Formular zur Bera- 14
tungshilfe selbst bereits die Schulbildung abzufragen.

Fraglich ist allerdings, ob Rechtspfleger künftig dazu übergehen werden, einen Berechtigungsschein 15
zunächst nur für die Beratung zu erteilen, und erst in einem weiteren Schritt für die Vertretung.

Der Gesetzgeber hierzu: 16

„Die Regelung legt außerdem ausdrücklich fest, dass sich die Beurteilung, ob Vertretung er-
forderlich ist, auf den Zeitpunkt nach erfolgter Beratung beziehen soll. Anwaltliche Vertre-
tung ist demnach in der Regel dann nicht erforderlich, wenn nur noch ein einfaches Schreiben
mit einer Tatsachenmitteilung zu fertigen, ein Widerspruch ohne Begründung einzulegen
oder eine einfache Kündigung zu formulieren ist. Ist hingegen bekannt, dass die betroffene
Behörde Widersprüchen, die mit keiner Begründung versehen sind, stets ohne weitere Prü-

---

4 BGBl I 2013 (Nr. 55), S. 3533, Art. 2, Nr. 2.

fung nicht abhilft oder dass Kündigungsgründe vom Gegner einer Kündigung bereits in Ab-
rede gestellt worden sind, kann die Erforderlichkeit einer Vertretung gegeben sein. "

17   *Anmerkung:*

Bei der Beurteilung ist auf den Zeitpunkt **nach** der anwaltlichen Beratung abzustellen.[5]

C. Beratungshilfe für Steuerfragen

18   Künftig wird es möglich sein, auch Fragen des Steuerrechts im Wege der Beratungshilfe klären zu
lassen. Dies wird in § 2 Abs. 2 S. 1 BerHG dadurch geregelt, dass Beratungshilfe „in allen rechtlichen Angelegenheiten" erteilt werden kann. Durch das Wort *„rechtlichen"* bringt der Gesetzgeber jedoch klar zum Ausdruck, dass die Beratungshilfe nicht „allgemeine Lebenshilfe" umfasst,
sondern es sich vielmehr um rechtliche Fragestellungen handeln muss. Durch die Aufhebung des
Satzes 3 wird dieser Umstand nochmals deutlich.[6]

D. Beratungspersonen

19   In § 3 BerHG werden die Personenkreise aufgeführt, die Beratungshilfe gewähren können. § 3
Absatz 1 BerHG wurde zum 1.1.2014 wie folgt gefasst:

„(1) Die Beratungshilfe wird durch Rechtsanwälte und durch Rechtsbeistände, die Mitglied
einer Rechtsanwaltskammer sind, gewährt. Im Umfang ihrer jeweiligen Befugnis zur Rechts-
beratung wird sie auch gewährt durch

1. Steuerberater und Steuerbevollmächtigte,

2. Wirtschaftsprüfer und vereidigte Buchprüfer sowie

3. Rentenberater.

Sie kann durch die in den Sätzen 1 und 2 genannten Personen (Beratungspersonen) auch in
Beratungsstellen gewährt werden, die aufgrund einer Vereinbarung mit der Landesjustizver-
waltung eingerichtet sind. "[7]

In § 3 BerHG wird der Personenkreis der Beratungspersonen erweitert auf Angehörige der steu-
erberatenden Berufe und Rentenberater.[8]

E. Erklärungspflichten des Rechtssuchenden

I. Gesetzliche Änderung in § 4 BerHG

20   Die wirtschaftlichen Voraussetzungen zur Bewilligung von Beratungshilfe werden seit dem
1.1.2014 in § 4 Abs. 3 bis 6 BerHG näher definiert.

21   § 4 Absatz 2 Satz 3 und 4 wurden durch die folgenden Absätze 3 bis 6 ersetzt:

„(3) Dem Antrag sind beizufügen:

1. eine Erklärung des Rechtssuchenden über seine persönlichen und wirtschaftlichen Ver-
hältnisse, insbesondere Angaben zu Familienstand, Beruf, Vermögen, Einkommen und
Lasten, sowie entsprechende Belege und

---

5 BT-Drucks 17/11472, Begründung zu Artikel 2, Nummer 2 a) – Änderung zu § 2 BerHG.
6 BT-Drucks 17/11472 v. 14.11.2012, Begründung zu Art. 2 Nr. 2, S. 37 f.
7 BGBl I 2013 (Nr. 55), S. 3533, Art. 2, Nr. 3.
8 BT-Drucks 17/11472 v. 14.11.2012, Begründung zu Art. 2 Nr. 3, S. 38.

2. *eine Versicherung des Rechtssuchenden, dass ihm in derselben Angelegenheit Beratungs-hilfe bisher weder gewährt noch durch das Gericht versagt worden ist, und dass in dersel-ben Angelegenheit kein gerichtliches Verfahren anhängig ist oder war.*

*(4) Das **Gericht kann verlangen**, dass der Rechtsuchende seine tatsächlichen Angaben glaubhaft macht, und kann insbesondere auch die Abgabe einer **Versicherung an Eides statt** fordern. Es kann Erhebungen anstellen, insbesondere die Vorlegung von Urkunden anordnen und Auskünfte einholen. Zeugen und Sachverständige werden nicht vernommen.*

*(5) Hat der Rechtsuchende innerhalb einer von dem Gericht gesetzten Frist Angaben über seine persönlichen und wirtschaftlichen Verhältnisse **nicht glaubhaft gemacht** oder be-**stimmte Fragen nicht oder ungenügend beantwortet**, so **lehnt** das Gericht die Bewilligung von Beratungshilfe ab.*

*(6) In den Fällen nachträglicher Antragstellung (§ 6 Absatz 2) **kann die Beratungsperson vor Beginn der Beratungshilfe verlangen**, dass der Rechtsuchende seine persönlichen und wirt-schaftlichen Verhältnisse belegt und erklärt, dass ihm in derselben Angelegenheit Beratungs-hilfe **bisher weder gewährt noch durch das Gericht versagt worden** ist, und dass in derselben Angelegenheit **kein gerichtliches Verfahren anhängig ist oder war.* "*[9]

II. Wirtschaftliche Voraussetzungen

Der Gesetzgeber knüpft für die Gewährung der Beratungshilfe hinsichtlich der persönlichen und wirtschaftlichen Verhältnisse an die Neuregelungen zur PKH an. **22**

Nunmehr soll gesetzlich geregelt werden, welche Angaben zu machen und welche Belege bei-zufügen sind. Bisher ergab sich dies allein aus den Beratungshilfeformularen. **23**

Die Möglichkeiten der Ablehnung bei fehlender oder ungenügender Auskunft über diese persön-lichen und wirtschaftlichen Verhältnisse sind erheblich verschärft worden. Auch wurde hier die Möglichkeit neu geregelt, dass der Rechtsuchende seine Angaben auf Verlangen des Gerichts eidesstattlich versichern muss. **24**

Das Gericht ist auch berechtigt, zur Glaubhaftmachung der Angaben den Rechtssuchenden zu la-den, um mit ihm mündlich seine persönlichen und wirtschaftlichen Verhältnisse zu erörtern.[10] Es bleibt auch hier die Praxis abzuwarten, inwiefern künftig Rechtspfleger von dieser Möglichkeit im Hinblick auf die Masse der Anträge Gebrauch machen werden. Der Gesetzgeber selbst geht auch eher davon aus, dass bei Zweifeln an der Vollständigkeit oder Richtigkeit der Angaben des Rechtssuchenden entsprechende Überprüfungen erfolgen. **25**

Auch bei einer gehäuften Antragsstellung und erheblichen Belastung der Staatskasse ist mit ent-sprechenden Maßnahmen zu rechnen. **26**

Der Gesetzgeber hierzu:

„Gleiches kann gelten, wenn ein Rechtsuchender viele Beratungshilfeanträge stellt und da-mit die Staatskasse erheblich belastet. Stellt sich in einem solchen Fall heraus, dass die per-sönlichen und wirtschaftlichen Verhältnisse den Beratungshilfevoraussetzungen nicht genü-gen, kann das Gericht nach den neuen Vorschriften der § 7 Absatz 1 Satz 2 und § 10 Absatz 3 die Beratungshilfe aufheben und die Rückzahlung sämtlicher geleisteter Beträge an die Staatskasse verlangen. Auch eine nicht ganz unaufwändige Aufklärung kann deshalb im Ein-zelfall von Interesse sein. "*[11]

---

9 BGBl I 2013 (Nr. 55), S. 3533, Art. 2, Nr. 4.
10 BT-Drucks 17/11472 v. 14.11.2012, Begründung zu Art. 2 Nr. 4, S. 39 f.
11 BT-Drucks 17/11472 v. 14.11.2012, Begründung zu Art. 2 Nr. 4, S. 39.

27   Wenn man die Gesetzesbegründung liest, kann man sich allerdings nicht des Eindrucks erwehren, hier soll der „lästige und anstrengende" Rechtssuchende stillgehalten werden. Was die gehäufte Antragstellung mit den wirtschaftlichen Verhältnissen zu tun haben soll, erschließt sich nicht. Es kann durchaus Bedürftige geben, die sich in einer Situation in ihrem Leben befinden, die vermehrte Anträge auf Beratungshilfe erforderlich machen, ohne dass gleich an der Vollständigkeit oder Richtigkeit der Erklärung über die persönlichen und wirtschaftlichen Verhältnisse gezweifelt werden muss.

III. Ablehnung bei fehlender Glaubhaftmachung

28   Wirkt der Rechtssuchende nicht entsprechend der gesetzlichen Vorgaben mit, kann ihm bereits aus diesem Grund die Beratungshilfe versagt werden.

IV. Erklärungspflicht bei nachträglicher Antragstellung

29   Nach § 6 Abs. 2 BerHG n.F. kann der Rechtssuchende einen nachträglichen Antrag auf Bewilligung von Beratungshilfe nur innerhalb einer 4-Wochen-Frist ab Erteilung der Beratungshilfe stellen (vgl. auch die Ausführung unter Rn 34 ff.). Gleichzeitig regelt der Gesetzgeber, dass die Beratungsperson vor Beginn der Beratungshilfe verlangen kann, dass der Rechtsuchende seine persönlichen und wirtschaftlichen Verhältnisse belegt und erklärt, dass ihm in derselben Angelegenheit Beratungshilfe bisher weder gewährt noch durch das Gericht versagt worden ist, und dass in derselben Angelegenheit kein gerichtliches Verfahren anhängig ist oder war.

30   Diese Regelung, die eng an die bis 31.12.2013 geltende Vorschrift des § 7 BerHG a.F. angelehnt ist, soll nach dem Willen des Gesetzgebers die Beratungsperson vor dem Risiko schützen, trotz erbrachter Beratungsleistung keine Vergütung zu erhalten.

31   *Hinweis:*

In der Praxis sollten Anwälte von dieser gesetzlichen Befugnis, sich eine entsprechende Erklärung abgeben und Belege vorlegen zu lassen, immer Gebrauch machen. Es ist nicht nachvollziehbar, warum dies in der Praxis häufig nicht geschieht. Möglicherweise liegt dies an der Unkenntnis dieser Vorschrift oder der Befürchtung, dies würde zu viel Aufwand verursachen.

32   Der Anwalt sollte sich die Erklärung des Auftraggebers unterschreiben lassen, denn die Folge einer fehlerhaften Erklärung und der dann erfolgenden Ablehnung ist, dass der Anwalt einen gesetzlichen Vergütungsanspruch gegen seinen Auftraggeber hat, wenn er ihn zuvor auf diese Folge hingewiesen hat, § 8a Abs. 4 BerHG n.F. (vgl. dazu auch § 5). Zwar fordert § 8a Abs. 4 BerHG den Vergütungshinweis nicht in Textform (§ 126b BGB) wie § 6a Abs. 2 Nr. 2 BerHG; es ist aber empfehlenswert, den erteilten Hinweis auf diese Weise zu dokumentieren.

33   Aus diesen Neuregelungen und den Erfahrungen der Vergangenheit in der Praxis kristallisiert sich immer mehr heraus, dass Anwälte grundsätzlich nur in Eilfällen ohne Vorlage eines Berechtigungsscheins Beratungshilfe leisten sollten und ansonsten ausnahmslos den Rechtssuchenden zur Antragstellung an die Rechtsantragsstelle verweisen und eben nicht für den Rechtssuchenden den Antrag zu stellen. Dies ist meines Erachtens falsch verstandener Service, der mit nichts vergütet wird, selten Dankbarkeit erntet und auch gesetzlich nicht vorgeschrieben ist!

F. Nachträgliche Bewilligung der Beratungshilfe

I. Vier-Wochen-Frist für nachträglichen Antrag

Zum 1.1.2014 hat der Gesetzgeber eine Frist für die nachträgliche Antragstellung von **vier Wochen** eingeführt.   34

§ 6 BerHG wurde zum 1.1.2014 aus diesem Grund wie folgt geändert: 35

a) In Absatz 1 werden die Wörter „einen Rechtsanwalt" durch die Wörter „eine Beratungsperson" ersetzt.

b) Absatz 2 wird wie folgt gefasst:
„(2) Wenn sich der Rechtsuchende wegen Beratungshilfe unmittelbar an eine Beratungsperson wendet, kann der Antrag auf Bewilligung der Beratungshilfe nachträglich gestellt werden. In diesem Fall ist der Antrag spätestens vier Wochen nach Beginn der Beratungshilfetätigkeit zu stellen."[12]

Die Änderung in Absatz 1 ist eine redaktionelle Anpassung.

Der Gesetzgeber kritisiert, dass die nachträgliche Antragstellung nach der Rechtslage bis zum 31.12.2013 häufig den Regelfall darstellte und zu einem erheblichen Aufwand sowohl für die Anwälte als auch Gerichte führte, wenn nachträglich über die Frage gestritten werden musste, ob die jeweilige Inanspruchnahme anwaltlicher Beratung tatsächlich erforderlich und nicht mutwillig war oder ob nicht andere Möglichkeiten der Hilfe zur Verfügung gestanden hätten. Häufig haben Anwälte in der Praxis den Antrag auf Beratungshilfe zusammen mit dem Vergütungsfestsetzungsantrag eingereicht, wenn das Mandat beendet war, auch um den Arbeitsaufwand gering zu halten. Hier ist die neue Frist künftig dringend zu beachten!   36

Hinzu kommt, dass der Rechtspfleger in diesen Fällen auch nicht mehr durch sofortige Erteilung der Beratungshilfe die Kostenbelastung für die Staatskasse vermeiden kann.   37

II. Kostenfolge bei Ablehnung des nachträglichen Antrags

Praxistipp: 38
Wird im Fall nachträglicher Antragstellung Beratungshilfe nicht bewilligt, kann der Rechtsanwalt vom Rechtssuchenden seine Vergütung nach den allgemeinen Vorschriften verlangen, wenn der er den Rechtssuchenden bei Mandatsübernahme **hierauf hingewiesen** hat, § 8a Abs. 4 BerHG n.F. (vgl. dazu auch Rn 32).

Zu den Vergütungsansprüchen des Rechtsanwalts in diversen Fallkonstellationen bei Ablehnung oder Bewilligung im Rahmen nachträglicher Antragstellung der Beratungshilfe siehe § 2 Rn 64.   39

III. Zu den Vorteilen der vorherigen Antragstellung

Mit der Einführung einer Frist für die nachträgliche Bewilligung stellt der Gesetzgeber ganz klar die Weichen dahin, dass dies künftig die Ausnahme sein soll.   40

---

12 BGBl I 2013 (Nr. 55), S. 3533, Art. 2, Nr. 5.

41 Der Gesetzgeber sieht durch diese Neuregelung **drei Vorteile**:

1. die Rechtspfleger können eine ausgabenreduzierende Filterfunktion wahrnehmen
2. die Rechtspfleger können sich über den Rechtssuchenden einen persönlichen Eindruck verschaffen und
3. für die Beratungsperson besteht Kostensicherheit.

42 Von besonderem Interesse ist die Gesetzesbegründung zu § 6 Abs. 2 BerHG im Hinblick auf die vom Rechtspfleger zu erbringende Beratungsleistung und weiteren Vorteile einer vorherigen Antragstellung:

> *„Nach geltender Rechtslage kann sich der Antragsteller gemäß § 4 Absatz 2 Satz 4 unmittelbar an einen Rechtsanwalt wenden und der Antrag kann bei Gericht in diesen Fällen nachträglich gestellt werden. In der Praxis stellt dieser Ablauf den Regelfall dar. Insbesondere in den letzten Jahren ist aber in den Verfahren vermehrt aufwändiger Streit über die – ex post nur noch hypothetisch zu beurteilende – Frage entstanden, ob die jeweilige Inanspruchnahme anwaltlicher Beratung tatsächlich erforderlich und nicht mutwillig war oder ob nicht andere Möglichkeiten der Hilfe zur Verfügung gestanden hätten. Die Auseinandersetzung, die sich in der Regel auf der Antragstellerseite vom Rechtsuchenden auf die in Vorleistung getretenen Rechtsanwälte verlagert, ist für diese wie für die Gerichte häufig in einem Maße zeitaufwändig, das in keinem akzeptablen Verhältnis zu den finanziellen Einkünften beziehungsweise Aufwendungen steht. Außerdem nimmt dieser Weg **den Rechtspflegern** regelmäßig die Möglichkeit, die Beratungshilfe nach § 3 Absatz 2 **durch eine sofortige Auskunft** oder einen Hinweis auf andere Hilfemöglichkeiten selbst zu erteilen. Dabei bleibt für die Länder ein wichtiges Potential zur Kostenreduktion ungenutzt, **denn die Rechtspfleger bei den Gerichten können häufig aufgrund ihrer lokalen Kenntnisse und langjährigen Erfahrung die in Teilbereichen immer wieder gleichlautend auftretenden Fragen ohne weiteres selbst klären** oder an anderweitige Hilfsmöglichkeiten verweisen. Dies ist zum Beispiel offensichtlich, wenn Rechtsuchende immer wieder dieselbe Art von formularmäßigen, in einem bestimmten Punkt unübersichtlich gestalteten Bescheiden einer Sozialhilfebehörde nicht nachvollziehen können: **Ihre Erläuterung kann für den mit den Formularen meist vertrauten Rechtspfleger einfach sein und sofort abschließend stattfinden.***
>
> *Die neue Regelung lässt deshalb eine nachträgliche Antragstellung nur noch in eng begrenzten Ausnahmefällen zu. Rechtsuchende sollen künftig verpflichtet sein, grundsätzlich zuerst nach § 4 den Antrag auf Beratungshilfe beim Amtsgericht zu stellen und erst nach der Bewilligung eine Beratungsperson aufzusuchen. Im Verhältnis zur derzeitigen Rechtslage können so zum einen die Rechtspfleger die oben beschriebene ausgabenreduzierende Filterfunktion besser wahrnehmen. Sie können sich außerdem **einen persönlichen Eindruck vom Rechtsuchenden** verschaffen und daher auch die Frage der mutwilligen Inanspruchnahme von Beratungshilfe besser beurteilen. Zum anderen besteht – anders als bei vorhergehender Beratung – Kostensicherheit für die Beratungsperson, die das Gebührenrisiko trägt. **Zwar ist zu erwarten, dass durch die vermehrte mündliche Antragstellung Mehraufwand bei den Rechtspflegern entsteht.** Dem stehen aber nicht nur die genannten Möglichkeiten zur Kostenbegrenzung gegenüber. Auch in zeitlicher Hinsicht wird eine Kompensation dadurch erreicht werden, dass weniger schriftliche Anträge eingehen, die bisher häufig der mehrfachen Nachbearbeitung bedürfen, weil die Angaben unvollständig oder unklar sind. Denn die Bereitschaft, vollständige Angaben zu machen und ausreichende Unterlagen vorzulegen, dürfte deutlich höher sein, wenn noch keine Beratungshilfe geleistet wurde."*[13]

---

13 BT-Drucks 17/11472 v. 14.11.2012, Begründung zu Art. 2 Nr. 5, S. 40 f.

Von Interesse ist diese Gesetzesbegründung deshalb, weil Rechtspfleger häufig Rechtssuchende **43** darauf verweisen, dass ihr Anwalt verpflichtet sei, den Beratungshilfeantrag zu stellen. Dies ist aber nirgendwo gesetzlich geregelt und zwar weder vor noch nach dem 1.1.2014. Aus der Gesetzesbegründung ergibt sich vielmehr an vielen Stellen, dass der Rechtssuchende den Antrag selbst stellen sollte, damit sich der Rechtspfleger gleich einen persönlichen Eindruck vom Rechtssuchenden verschaffen kann bzw. ggf. die notwendige Beratungshilfe gleich selbst erteilt.

In der Praxis kann dies natürlich dann schwierig sein, wenn der Rechtssuchende einen weiten Weg zum Amtsgericht zurücklegen und hierfür erhebliche Fahrtkosten aufbringen muss.

G. Aufhebung der Bewilligung

Zum 1.1.2014 wird ein neuer § 6a BerHG eingefügt, der die Möglichkeiten der **Aufhebung einer** **44** **Beratungshilfebewilligung** von Amts wegen oder auf Antrag vorsieht:

> *§ 6a BerHG:*
>
> *„ (1) Das Gericht **kann** die Bewilligung von Amts wegen aufheben, wenn die Voraussetzungen für die Beratungshilfe zum Zeitpunkt der Bewilligung nicht vorgelegen haben und seit der Bewilligung **nicht mehr als ein Jahr vergangen** ist.*
>
> *(2) Die **Beratungsperson kann die Aufhebung der Bewilligung** beantragen, wenn der Rechtsuchende aufgrund der Beratung oder Vertretung, für die ihm Beratungshilfe bewilligt wurde, etwas erlangt hat.*
>
> *Der Antrag kann nur gestellt werden, wenn die Beratungsperson*
>
> *1. noch keine Beratungshilfevergütung nach § 44 Satz 1 des Rechtsanwaltsvergütungsgesetzes beantragt hat und*
>
> *2. den Rechtsuchenden bei der Mandatsübernahme auf die Möglichkeit der Antragstellung und der Aufhebung der Bewilligung sowie auf die sich für die Vergütung nach § 8a Absatz 2 ergebenden Folgen in Textform hingewiesen hat.*
>
> *Das Gericht hebt den Beschluss über die Bewilligung von Beratungshilfe nach Anhörung des Rechtsuchenden auf, wenn dieser aufgrund des Erlangten die Voraussetzungen hinsichtlich der persönlichen und wirtschaftlichen Verhältnisse für die Bewilligung von Beratungshilfe nicht mehr erfüllt. "*[14]

Die Neuregelung in § 6a BerHG regelt **zwei Möglichkeiten der Aufhebung**: **45**

■ Aufhebung bei **anfänglichem Fehlen** der Bewilligungsvoraussetzungen (Abs. 1 – von Amts wegen) und

■ Aufhebung im Fall des **nachträglichen Wegfalls der Bewilligungsvoraussetzungen** (Abs. 2 – auf Antrag der Beratungsperson).

Der Gesetzgeber hat bewusst die Formulierung „kann" in Absatz 1 gewählt und nicht „soll", da **46** das Gericht einen weiten Ermessensspielraum behalten sollte.[15]

Es wird auch künftig wegen der wirtschaftlichen Verhältnisse nur auf den Zeitpunkt der Bewil- **47** ligung abgestellt.

Die Beratungsperson (u. A. der Rechtsanwalt) kann unter folgenden Voraussetzungen einen **Auf-** **48** **hebungsantrag** stellen:

■ Vermögenszuwachs beim Rechtsuchenden aufgrund Tätigkeit des Anwalts in derselben Sache

■ es wurde noch kein Vergütungs-Festsetzungsantrag gestellt

---

14 BGBl I 2013 (Nr. 55), S. 3533, Art. 2, Nr. 6.
15 BT-Drucks 17/11472 v. 14.11.2012, Begründung zu Art. 2 Nr. 6, S. 41 f.

■ der Rechtssuchende wurde in Textform (§ 126b BGB) auf die Möglichkeit des Aufhebungsantrags hingewiesen.

49 *Hinweis:*

Hat der Rechtsanwalt die Aufhebung der Beratungshilfebewilligung **nicht selbst beantragt** und hatte er auch keine Kenntnis (oder grob fahrlässige Unkenntnis) davon, dass die Bewilligungsvoraussetzungen **im Zeitpunkt der Beratungshilfeleistung** nicht vorlagen, so bleibt sein Vergütungsanspruch gegenüber der Staatskasse unberührt. § 8a Abs. 1 BerHG n.F. Ein Rückforderungsrecht der Staatskasse besteht dann nicht.

H. Erinnerung

50 Das Erinnerungsrecht wird in § 7 BerHG dahin gehend erweitert, dass auch gegen aufhebende Beschlüsse (von Amts wegen oder auf Antrag) die Erinnerung statthaft ist.

51 *§ 7 BerHG:*

Gegen den Beschluss, durch den der Antrag auf Bewilligung von Beratungshilfe zurückgewiesen oder durch den die Bewilligung von Amts wegen oder auf Antrag der Beratungsperson wieder aufgehoben wird, ist nur die Erinnerung statthaft.

52 In diesem Zusammenhang ist die zum 1.8.2013 durch das 2. KostRMoG erfolgte Klarstellung in § 1 Abs. 3 RVG erwähnenswert.

Dem § 1 RVG wurde folgender Absatz 3 angefügt:[16]

„(3) Die Vorschriften dieses Gesetzes über die Erinnerung und die Beschwerde gehen den Regelungen der für das zugrunde liegende Verfahren geltenden Verfahrensvorschriften vor."

53 Der Gesetzgeber hat § 1 Abs. 3 RVG insbesondere wegen der bisher strittigen Rechtsprechung zur Frage der Rechtsbehelfe und Rechtsmittel **in Verfahren der Sozialgerichtsbarkeit** neu geregelt.

54 Viele Landessozialgerichte haben in Verfahren auf Festsetzung der Prozesskostenhilfevergütung die im Gesetz vorgesehene Beschwerde nach § 56 Abs. 2 S. 2 i.V.m. § 33 Abs. 3 RVG für nicht statthaft erachtet, weil nach §§ 178 S. 1, 179 Abs. 2 SGG eine Beschwerde gegen die Kostenfestsetzung des Urkundsbeamten der Geschäftsstelle des Sozialgerichts ausgeschlossen ist.[17] Mit der Neuregelung des § 1 Abs. 3 RVG schließt der Gesetzgeber die Anwendung der rechtswidrigen Rechtsprechung aus, indem er ausdrücklich klarstellt, dass sich Rechtsbehelfe und Rechtsmittel in diesen Kostenverfahren des RVG ausschließlich nach den Vorschriften des RVG richten; Besonderheiten der jeweiligen Prozessordnungen dürfen nicht mehr herangezogen werden.

55 § 1 Abs. 3 RVG stellt damit klar, dass in **sämtlichen gerichtlichen Verfahren** gleich welcher Gerichtsbarkeit bei Festsetzung der Vergütung im Wege der Prozess- und Verfahrenskostenhilfe folgende Rechtsmittel/Rechtsbehelfe möglich sind:

Festsetzung der Vergütung des Urkundsbeamten nach § 55 RVG

➔ **unbefristete Erinnerung** gem. § 56 Abs. 1 S. 1 RVG[18]

---

16 Zweites Gesetz zur Modernisierung des Kostenrechts (2. KostRMoG) v. 23.7.2013, BGBl I, Nr. 42, ausgegeben am 29.7.2013 S. 2585 bis 2720, Art. 8 Abs. 1 Nr. 2.

17 Vgl. zur strittigen Rechtsprechung auch *Schneider/Thiel*, Das neue Gebührenrecht für Rechtsanwälte, § 3 Rn 23, 24.

18 Zu beachten ist jedoch, dass die Rechtsprechung bei der unbefristeten Erinnerung nach Ablauf eines (1) Jahres verstärkt eine Verwirkung annimmt; die Erinnerung sollte daher möglichst binnen Jahresfrist eingelegt werden.

Entscheidung über die Erinnerung

→ **Beschwerde** gem. § 56 Abs. 2 S. 1 i.V.m. § 33 Abs. 4 S. 3 RVG, sofern der Wert des Beschwerdegegenstands 200,00 € übersteigt oder aber die Beschwerde zugelassen wurde.[19]

→ Frist: 2 Wochen, § 56 Abs. 2 i.V.m. § 33 Abs. 3 S. 3 RVG

Beschwerdeentscheidung des LG[20]

→ **weitere Beschwerde** zum OLG, sofern zugelassen wegen grundsätzlicher Bedeutung, §§ 56 Abs. 2 S. 1, 33 Abs. 6 RVG

→ Frist: 2 Wochen, §§ 56 Abs. 2 i.V.m. § 33 Abs. 3 S. 3, Abs. 6 S. 4 RVG

Entscheidung über weitere Beschwerde

→ ggf. **Gehörsrüge** gem. § 12a RVG, sofern das rechtliche Gehör in entscheidungserheblicher Weise verletzt wurde.[21]

I. Vergütungsanspruch der Beratungsperson

§ 8 BerHG in der bis zum 31.12.2013 geltenden Fassung hatte nur einen Satz: **56**

„Vereinbarungen über eine Vergütung sind nichtig."

Dieser Satz wird durch die nachstehende Änderung des § 8 BerHG zum 1.1.2014 komplett **aufgehoben.**

§ 8 Abs. 1 u. 2 BerHG wurde zum 1.1.2014 wie folgt geändert: **57**

„(1) Die Vergütung der Beratungsperson richtet sich nach den für die Beratungshilfe geltenden Vorschriften des Rechtsanwaltsvergütungsgesetzes. Die Beratungsperson, die nicht Rechtsanwalt ist, steht insoweit einem Rechtsanwalt gleich.

(2) Die Bewilligung von Beratungshilfe bewirkt, dass die Beratungsperson gegen den Rechtsuchenden keinen Anspruch auf Vergütung mit Ausnahme der Beratungshilfegebühr (§ 44 Satz 2 des Rechtsanwaltsvergütungsgesetzes) geltend machen kann. Dies gilt auch in den Fällen nachträglicher Antragstellung (§ 6 Absatz 2) bis zur Entscheidung durch das Gericht."

I. Aufhebung der Nichtigkeitsregelung für Vergütungsvereinbarungen

Die frühere Regelung, dass mit einem Rechtssuchenden geschlossene Vergütungsvereinbarungen **58** nichtig sind, wurde damit nicht mehr beibehalten, sondern wird vielmehr ab 1.1.2014 durch die Neuregelung in § 8 BerHG aufgehoben. Der Gesetzgeber begründet dies wie folgt:

„Absatz 2 soll das bisher geltende pauschale Verbot einer Vergütungsvereinbarung ablösen. Denn die derzeitige Regelung hat für die Beratungsperson den erheblichen Nachteil, dass diese bei Ablehnung der Beratungshilfe durch das Gericht keinerlei Vergütung erhält. Auch wenn das Verbot der Vergütungsvereinbarung vielfach in denjenigen Fällen für nicht anwendbar gehalten wird, in denen das Gericht die Beratungshilfe mangels Bedürftigkeit ablehnt (Schoreit/Groß, Beratungshilfe, Prozesskostenhilfe, Verfahrenskostenhilfe, 10. Auflage, § 8 BerHG, Rn 2 m.w.N.), trägt die Beratungsperson jedenfalls in allen anderen Fällen der Ablehnung das Risiko, für ihre Tätigkeit keine Vergütung zu erhalten. Diese einseitige Risikoverteilung zulasten der Beratungspersonen ist nicht gerechtfertigt. Denn nicht die Bera-

---

19 §§ 56 Abs. 2 S. 1, 33 Abs. 3 RVG.
20 So auch LSG, LAG u.a.
21 Eine Rechtsbeschwerde ist nicht vorgesehen; die Gehörsrüge ist möglich, wenn ein weiteres Rechtsmittel bzw. ein weiterer Rechtsbehelf nicht gegeben sind.

*tungsperson, sondern der Rechtsuchende begehrt eine staatliche Sozialleistung und hat deshalb auch das Risiko von deren Nichtgewährung zu tragen. **Künftig sollen deshalb Vergütungsvereinbarungen grundsätzlich möglich sein; das geltende Verbot wird in die neue Vorschrift nicht übernommen.** Die neue Regelung bestimmt aber, dass der daraus resultierende Anspruch der Beratungsperson gegen den Rechtsuchenden **nicht geltend gemacht werden kann, wenn und solange Beratungshilfe** bewilligt ist (Satz 1) beziehungsweise im Falle nachträglicher Antragstellung das Gericht noch keine Entscheidung über den Antrag getroffen hat (Satz 2). Wird die Beratungshilfebewilligung wieder aufgehoben oder lehnt das Gericht im Falle nachträglicher Antragstellung die Bewilligung ab, **kann die Beratungsperson den Rechtsuchenden aus der Vergütungsvereinbarung in Anspruch nehmen.** Wegen der neu eingeführten Möglichkeit der Aufhebung der Beratungshilfe nach § 6a kann eine solche Vergütungsvereinbarung nunmehr nicht nur in Fällen nachträglicher Antragstellung, sondern auch bei bereits bewilligter Beratungshilfe sinnvoll sein. Zwar soll der Beratungsperson nach der neuen Vorschrift des § 8a Absatz 2 dann auch ein Vergütungsanspruch nach den allgemeinen Vorschriften (dazu im Einzelnen die Begründung unten zu § 8a) zustehen. **Eine vorher geschlossene Vergütungsvereinbarung kann aber eine mühsame Auseinandersetzung zwischen Beratungsperson und Rechtsuchendem darüber entbehrlich machen, in welcher Höhe etwa die „übliche Vergütung" nach den § 34 Absatz 1 Satz 2 RVG, § 612 Absatz 2 des Bürgerlichen Gesetzbuchs (BGB) geschuldet ist."*

II. Anwendbarkeit der RVG-Vorschriften für alle Beratungspersonen

59   Mit § 8 Abs. 1 BerHG wird das RVG auch für andere Beratungspersonen als Rechtsanwälte für anwendbar erklärt. Dabei gilt dies nicht nur für den Vergütungsanspruch nach Nr. 2500 ff. VV RVG, sondern auch für sämtliche Vorschriften des RVG zur Beratungshilfe, wie z.B. auch die Vergütungsfestsetzung (§ 55 Abs. 4 RVG).

III. Abrechnungssperre gegenüber dem Rechtssuchenden

60   Nach § 8 Abs. 2 BerHG bewirkt die Bewilligung von Beratungshilfe eine **Abrechnungssperre** der Beratungsperson gegenüber dem Rechtssuchenden, denn mit Ausnahme der 15,00 € Beratungshilfegebühr nach Nr. 2500 VV RVG darf keine weitere Vergütung abgerechnet werden.

61   *Hinweis:*
      Die Abrechnungssperre gilt auch für den Fall des Abschlusses einer Vergütungsvereinbarung, denn die Vereinbarung greift erst, wenn die Bewilligung aufgehoben wird.

62   Anders als z.B. bei der PKH darf der Anwalt von einem Mandanten auch **keinen Vorschuss** verlangen, wenn er einen nachträglichen Antrag auf Beratungshilfe stellt, und sich für den Fall der Ablehnung absichern möchte. Hier muss er vielmehr nach § 8 Abs. 2 S. 2 BerHG die **Entscheidung des Gerichts abwarten**, bevor er weiß, ob und ggf. was er mit seinem Mandanten bzw. der Staatskasse abrechnen kann.

63   Wird die Beratungshilfe nachträglich **bewilligt**, bleibt die Abrechnungssperre bestehen. Wird die nachträglich beantragte Beratungshilfe **abgelehnt**, kann der Rechtsanwalt mit seinem Auftraggeber die Regelvergütung abrechnen, wenn er seinen Auftraggeber bei Mandatsübernahme hierauf hingewiesen hat, § 8 Abs. 4 BerHG.

IV. Vergütungsansprüche des Anwalts in unterschiedlichen Fällen bei nachträglicher Antragstellung

Nach den obigen Ausführungen können sich bei nachträglicher Antragstellung folgende Gestaltungen ergeben (beispielhafte Aufzählung):   64

■ Die nachträglich beantragte Beratungshilfe wird **abgelehnt**. Der Anwalt hat **keine Vergütungsvereinbarung** getroffen. Er hat seinem Mandanten **keinen Hinweis** auf die Möglichkeit der Abrechnung der Regelvergütung erteilt. Er hat beraten oder vertreten: 65

▨ Der Anwalt darf ausschließlich die Beratungshilfegebühr nach Nr. 2500 VV RVG in Höhe von 15,00 € brutto[22] abrechnen,[23] § 8a Abs. 4 BerHG. Die Gebühr kann erlassen werden, Satz 2 der Anmerkung zu Nr. 2500 VV RVG.

■ Die nachträglich beantragte Beratungshilfe wird **abgelehnt**. Der Anwalt hat **keine Vergütungsvereinbarung** getroffen. Er hat seinem Mandanten den **Hinweis** auf die Möglichkeit der Ablehnung und dann erlaubte Abrechnung der Regelvergütung **erteilt**. Er hat ausschließlich **beraten**:   66

▨ Der Anwalt darf seine Vergütung nach § 34 RVG berechnen, § 8a Abs. 4 BerHG. Mangels Gebührenvereinbarung kann er die übliche Vergütung im Sinne des § 612 Abs. 2 BGB abrechnen; ist sein Auftraggeber jedoch Verbraucher und handelt es sich um ein Erstberatungsgespräch ist er an die Kappungsgrenze von 190,00 € bzw. bei mehrfacher Beratung in derselben Angelegenheit von 250,00 € gebunden, § 34 Abs. 1 S. 1 und 3 RVG. Die ggf. bereits abgerechnete Beratungshilfegebühr nach Nr. 2500 VV RVG in Höhe von 15,00 € brutto muss er anrechnen, §§ 8a Abs. 4 i.V.m. § 8a Abs. 2 S. 2 BerHG.

■ Die nachträglich beantragte Beratungshilfe wird **abgelehnt**. Der Anwalt hat **keine Vergütungsvereinbarung** getroffen. Er hat seinem Mandanten den **Hinweis** auf die Möglichkeit der Ablehnung und dann erlaubte Abrechnung der Regelvergütung **erteilt**. Er hat den Mandanten **außergerichtlich vertreten**:   67

▨ Der Anwalt darf seine Vergütung nach Nr. 2300 ff. VV RVG berechnen, § 8a Abs. 4 BerHG. Allerdings stellt sich hier die Frage, ob er den erforderlichen **Hinweis auf die Abrechnung nach Gegenstandswert** gem. § 49b Abs. 5 BRAO erteilt hat. Der Mandant könnte möglicherweise mit einem **Schadensersatzanspruch aufrechnen**, der ihm aufgrund einer evtl. schuldhaften Pflichtverletzung des Anwalts entstanden ist.[24] Die ggf. bereits abgerechnete Beratungshilfegebühr nach Nr. 2500 VV RVG in Höhe von 15,00 € brutto muss der Anwalt anrechnen, §§ 8a Abs. 4 i.V.m. § 8a Abs. 2 S. 2 BerHG.

■ Die nachträglich beantragte Beratungshilfe wird **abgelehnt**. Der Anwalt hat eine **Vergütungsvereinbarung** für den Fall der Ablehnung **getroffen**. Er hat seinem Mandanten den **Hinweis** auf die Möglichkeit der Ablehnung und dann erlaubte Abrechnung der Regelvergütung **erteilt**. Er hat beraten oder vertreten: 68

▨ Der Anwalt darf nach der Vergütungsvereinbarung abrechnen. Die ggf. bereits abgerechnete Beratungshilfegebühr nach Nr. 2500 VV RVG in Höhe von 15,00 € brutto muss er anrechnen, §§ 8a Abs. 4 i.V.m. § 8a Abs. 2 S. 2 BerHG.

---

22 Auslagen dürfen neben der Gebühr nicht erhoben werden, da die Umsatzsteuer in Teil 7 bei den Auslagen geregelt ist, darf Umsatzsteuer auf diese Gebühr nicht berechnet werden; sie ist aber als Gebühr steuerbarer Erlös, so dass die Umsatzsteuer in den 15,00 € enthalten ist.

23 *Mayer/Kroiß*, Rechtsanwaltsvergütungsgesetz, 6. Aufl. 2013, Nr. 2500 VV Rn 3; Anspruch auf Zahlung der 15,00 € nach Nr. 2500 VV auch dann, wenn ohne Berechtigungsschein beraten wird; der Anspruch ergibt sich m.E. auch aus §§ 8a Abs. 4 i.V.m. § 8a Abs. 2 S. 2 BerHG.

24 BGH, Urt. v. 24.5.2007, Az.: IX ZR 89/06, NJW-Spezial 2007, 382; BeckRS 2007, 10345; FamRZ 2007, 1322, Jur-Büro 2007, 478; VersR 2007, 1377; AnwBl. 2007, 628; Mandant trägt jedoch die Beweislast für angeblich unterlassenen Wertgebührenhinweis lt. *BGH*, Urt. v. 11.10.2007, Az.: IX ZR 105/06 NJW 2008, 371; NJW-Spezial 2007, 622; AnwBl 2008, 68; JurBüro 2008, 145; MDR 2008, 235; VersR 2008, 556.

69   ■ Die nachträglich beantragte Beratungshilfe wird **bewilligt**. Der Anwalt hat eine **Vergütungsvereinbarung** für den Fall der Ablehnung **getroffen**. Er hat seinem Mandanten den **Hinweis** auf die Möglichkeit der Ablehnung und dann erlaubte Abrechnung der Regelvergütung **erteilt**.

■ Der Anwalt darf – solange die Bewilligung bestehen bleibt – ausschließlich die Beratungshilfegebühr nach Nr. 2500 VV RVG in Höhe von 15,00 € brutto abrechnen; ansonsten hat er die Abrechnungssperre gegenüber seinem Mandanten zu beachten (§ 8 Abs. 2 BerHG). Die Vergütungsvereinbarung kommt erst dann zum Tragen, wenn die Beratungshilfe aufgehoben wird. Wird sie nie aufgehoben, kommt sie nie zum Tragen.

Aus den obigen Darstellungen ergeben sich in den Fällen nachträglicher Beantragung der Beratungshilfe folgende Tipps.

70   *Tipps bei nachträglicher Beantragung der Beratungshilfe:*
- *■ nachträgliche Antragstellung NUR im Ausnahmefall*
- *■ Vier-Wochen-Frist notieren, sofern nachträgliche Antragstellung erfolgen soll*
- *■ bei Mandatsübernahme:*
  - *■ Hinweis an Mandant, dass Beratungshilfe abgelehnt werden kann*
  - *■ Hinweis an Mandant, dass dieser dann die Regelvergütung schuldet*
  - *■ Abschluss einer Vergütungsvereinbarung für den Fall der Ablehnung der Bewilligung, um späteren Streit zu vermeiden*
  - *■ Hinweis auf Abrechnung nach Gegenstandswert, sofern erforderlich!*

J. Folgen der Aufhebung von Beratungshilfe

I. Gesetzliche Neuregelung in § 8a BerHG

71   In dem seit 1.1.2014 neu geregelten § 8a BerHG soll künftig regelt werden, welche Folgen die Aufhebung für den Vergütungsanspruch der Beratungsperson hat und unter welchen Voraussetzungen die Staatskasse ggf. den Rechtssuchenden in Regress nehmen kann.

72   Grundsätzlich soll der Vergütungsanspruch der Beratungsperson gegenüber der Staatskasse unberührt bleiben, alternativ kann die Beratungsperson aber auch unter bestimmten Voraussetzungen die gesetzliche Vergütung mit dem Rechtssuchenden abrechnen. Sofern die Beratungsperson sich für die Vergütungsfestsetzung gegenüber der Staatskasse entscheidet, kann die Staatskasse beim Rechtssuchenden Erstattung des Geleisteten verlangen, wenn die Aufhebung deshalb erfolgt, weil die persönlichen und wirtschaftlichen Voraussetzungen nicht vorgelegen haben.

73   § 8a BerHG (Fettdruck durch die Verfasserin):

*„(1) Wird die Beratungshilfebewilligung aufgehoben, bleibt der **Vergütungsanspruch der Beratungsperson** gegen die Staatskasse **unberührt**. Dies gilt **nicht**, wenn die Beratungsperson Kenntnis oder grob fahrlässige Unkenntnis davon hatte, dass die Bewilligungsvoraussetzungen im Zeitpunkt der Beratungshilfeleistung nicht vorlagen, oder die Aufhebung der Beratungshilfe selbst beantragt hat (§ 6a Absatz 2).*

*(2) Die Beratungsperson kann vom Rechtsuchenden Vergütung nach den **allgemeinen Vorschriften** verlangen, **wenn sie keine Vergütung aus der Staatskasse fordert** oder **einbehält** und den Rechtsuchenden bei der Mandatsübernahme auf die Möglichkeit der Aufhebung der Bewilligung sowie auf die sich für die Vergütung ergebenden Folgen **hingewiesen** hat.*

*Soweit der Rechtsuchende die Beratungshilfegebühr (Nummer 2500 der Anlage 1 des Rechtsanwaltsvergütungsgesetzes) bereits geleistet hat, ist sie auf den Vergütungsanspruch **anzurechnen**.*

(3) Wird die Bewilligung der Beratungshilfe aufgehoben, weil die persönlichen und wirt-schaftlichen Voraussetzungen hierfür nicht vorgelegen haben, kann **die Staatskasse** *vom Rechtsuchenden* **Erstattung** *des von ihr an die Beratungsperson geleisteten und von dieser einbehaltenen Betrages* **verlangen.**

(4) Wird im Fall nachträglicher Antragstellung Beratungshilfe nicht bewilligt, kann die **Beratungsperson** *vom Rechtsuchenden Vergütung nach den* **allgemeinen Vorschriften** *verlangen, wenn sie ihn bei der Mandatsübernahme hierauf* **hingewiesen** *hat. Absatz 2 Satz 2 gilt entsprechend.* "[25]

II. Vergütungsanspruch der Beratungsperson bei Aufhebung

§ 8a BerHG regelt seit 1.1.2014 die Folgen der Aufhebung der Beratungshilfe für den Ver-gütungsanspruch der Beratungsperson aber auch, unter welchen Voraussetzungen die Staatskasse den Rechtssuchenden in Regress nehmen kann. **74**

Die Beratungsperson (Anwalt/Kanzlei) hat bei Aufhebung der Beratungshilfe die Wahl: **75**

■ Abrechnung gegenüber der Staatskasse (Nrn. 2501 ff. VV RVG) **oder**
■ Abrechnung der Regelvergütung gegenüber dem Rechtssuchenden (siehe Rn 77).

Ausnahme, d.h. **keine** Abrechnungsmöglichkeit gegenüber der **Staatskasse**: **76**

Die Beratungsperson

■ hat Kenntnis oder grob fahrlässige Unkenntnis davon, dass die Bewilligungsvoraussetzungen im Zeitpunkt der Beratungshilfeleistung nicht vorlagen, § 8a Abs. 1 S. 2 Nr. 1 BerHG oder
■ die Beratungsperson hat selbst den Aufhebungsantrag gestellt, § 8a Abs. 1 S. 2 Nr. 2 BerHG.

Voraussetzung für die **Abrechnung der Regelvergütung** gegenüber dem **Rechtssuchenden** bei Aufhebung der Beratungshilfe: **77**

■ Die Beratungsperson hat den Rechtssuchenden auf die Möglichkeit der Aufhebung sowie auf die sich für die Vergütung ergebenden Folgen **bei Mandatsübernahme** hingewiesen, § 8a Abs. 2 S. 1 Nr. 2 BerHG!

Die Beratungsperson kann daher im Falle der **Aufhebung der Beratungshilfe von Amts wegen** nach § 6 a Abs. 1 i.V.m. § 8a Abs. 1 BerHG **78**

■ ihren bereits aus der Staatskasse erhaltenen Vergütungsanspruch behalten und keine Regel-vergütung gegenüber dem Rechtssuchenden abrechnen **oder**
■ ihre noch nicht abgerechneten Vergütungsansprüche gegenüber der Staatskasse abrechnen und keine Regelvergütung gegenüber dem Rechtssuchenden abrechnen **oder**
■ eine bereits aus der Staatskasse erhaltene Vergütung zurückzahlen und sodann mit dem Rechtssuchenden die gesetzliche Vergütung (z.B. § 34 RVG oder Nr. 2300 VV RVG) abrech-nen **oder**
■ die Beratungsperson kann im Falle der **Aufhebung der Beratungshilfe** aufgrund ihres **Auf-trags** nach § 6a Abs. 2 i.V.m. § 8a Abs. 2 BerHG
■ mit dem Rechtssuchenden die gesetzliche Regelvergütung (z.B. § 34 RVG oder Nr. 2300 VV RVG) abrechnen, sofern mit der Staatskasse noch keine Abrechnung erfolgt ist.

Hinweis **79**

Die Abrechnung der Regelvergütung mit dem Rechtssuchenden setzt aber immer voraus, dass ein entsprechender Hinweis bei Mandatsübernahme erfolgt ist (§ 8a Abs. 2 S. 1 Nr. 2 BerHG).

---

25 BGBl I 2013 (Nr. 55), S. 3533, Art. 2, Nr. 7.

80   Sofern der Rechtsanwalt vom Rechtssuchenden bereits die Beratungshilfegebühr in Höhe von 15,00 € (brutto, d.h. Umsatzsteuer inklusive) gem. Nr. 2500 VV RVG erhalten hat, ist dieser Betrag auf die Regelvergütung anzurechnen, § 8a Abs. 2 S. 2 BerHG.

81   Mit der Regelung des § 8a Abs. 1 BerHG will der Gesetzgeber den Vertrauenstatbestand, der durch die Bewilligung zunächst bei der Beratungsperson geschaffen worden ist, nicht zerstören. Die Beratungsperson darf sich daher grundsätzlich auf die Bewilligung und die Berechtigung zur Abrechnung der Beratungshilfevergütung gegenüber der Staatskasse verlassen. Nur wenn die Beratungsperson nicht schutzbedürftig ist (eigener Aufhebungsantrag oder Kenntnis!), soll der Vergütungsanspruch gegenüber der Staatskasse entfallen.

82   Die Beratungsperson wird die Abrechnung gegenüber der Staatskasse dann vorziehen, wenn der gesetzliche Vergütungsanspruch gegenüber dem Rechtssuchenden nicht höher ist, da die Abrechnung gegenüber der Staatskasse eine sichere Einnahmequelle darstellt.

III. Regressanspruch der Staatskasse

83   Sofern die Beratungsperson gegenüber der Staatskasse nach Maßgabe des § 8 Abs. 1 BerHG abrechnet, kann diese wiederum den Rechtssuchenden in **Regress** nehmen, wenn die Aufhebung deshalb erfolgt ist, weil die persönlichen und wirtschaftlichen Voraussetzungen nicht vorgelegen haben. Ob hiervon häufig Gebraucht gemacht wird, wird aus wirtschaftlichen Gründen wohl auch von der Höhe der gezahlten Kosten abhängig sein. Die Staatskasse **kann** einen Regressanspruch geltend machen, d.h., zwingend ist dies nicht.

IV. Vergütungsanspruch bei Ablehnung nachträglich beantragter Beratungshilfe

84   Mit § 8a Abs. 4 BerHG wird erstmals **für den Fall der Ablehnung** der begehrten Beratungshilfe bei **nachträglicher Antragstellung** ein Vergütungsanspruch der Beratungsperson gegenüber dem Rechtssuchenden normiert. Dies gilt jedoch nur, wenn die Beratungsperson den Rechtssuchenden auf diese Möglichkeit **bei Mandatsübernahme** hingewiesen hat!

Auf die umfangreichen Ausführungen zu diesem Thema in § 2 Rn 64 ff. wird verwiesen.

85   Auch hier gilt: Sofern der Rechtsanwalt vom Rechtssuchenden bereits die Beratungshilfegebühr in Höhe von 15,00 € (brutto, d.h. Umsatzsteuer inklusive) gem. Nr. 2500 VV RVG erhalten hat, ist dieser Betrag auf die Regelvergütung anzurechnen, § 8a Abs. 4 i.V.m. § 8a Abs. 2 S. 2 BerHG.

Erfolgt die Aufhebung aufgrund eines Antrags der Beratungsperson gem. § 6a BerHG (Rechtssuchender hat durch Tätigkeit der Beratungsperson etwas erlangt), kann diese gegenüber dem Rechtssuchenden ebenfalls die gesetzliche Vergütung abrechnen, § 6a Abs. 2 S. 2 Nr. 2 BerHG. Zum Schutz des Rechtssuchenden wurde aber auch hier eine Hinweispflicht der Beratungsperson bei Mandatsübernahme eingeführt.

86   *Praxistipp:*

Es wird dringend empfohlen, Rechtssuchenden ab 1.1.2014 entsprechende Hinweise zu erteilen, vgl. dazu die Formulierungshilfe im § 5.

K. Kostenerstattungsanspruch des Rechtssuchenden

§ 9 BerHG wurde zum 1.1.2014 wie folgt geändert: **87**

> *„a) Satz 1 wird wie folgt gefasst:*
> *„Ist der Gegner verpflichtet, dem Rechtsuchenden die Kosten der Wahrnehmung seiner Rechte zu ersetzen, hat er für die Tätigkeit der Beratungsperson die Vergütung nach den allgemeinen Vorschriften zu zahlen."*
> *b) In Satz 2 werden die Wörter „den Rechtsanwalt" durch die Wörter „die Beratungsperson" ersetzt."*[26]

In § 9 BerHG wurden überwiegend redaktionelle Anpassungen vorgenommen. In Satz 1 wird **88** künftig geregelt, dass der Gegner im Falle eines Kostenerstattungsanspruchs der Beratungsperson die Kosten der für die Beratungsperson geltenden Vergütungsvorschriften zu entrichten hat.[27]

Geblieben sind die Sätze 2 und 3 in § 9 BerHG: **89**

> *„Der Anspruch geht auf die Beratungsperson über. Der Übergang kann nicht zum Nachteil des Rechtsuchenden geltend gemacht werden."*

Da der Anspruch auf die Beratungsperson übergeht, kann der Anwalt z.B. diesen Anspruch auch **90** im eigenen Namen geltend machen, beispielsweise durch Einreichung eines Mahnbescheides gegenüber der Gegenseite. Keinesfalls darf er vom Rechtssuchenden Kosten für die Geltendmachung dieser Kostenerstattungsansprüche verlangen.

Die Vorschrift wird in der Praxis häufig nicht beachtet, obwohl sie dem Anwalt die gesetzliche **91** Regelvergütung sichert. Zu prüfen ist allerdings immer, ob ein **materiell-rechtlicher Kostenerstattungsanspruch** gegen den Gegner besteht (z.B. aus dem Gesichtspunkt des Verzugs, der unerlaubten Handlung, Pflichtverletzung aus Vertrag, Sonderbedarf Unterhalt, GoA oder andere).[28]

L. ÖRA

Öffentliche Rechtsberatungsstellen gibt es schon seit langem in den Stadtstaaten Hamburg (vgl. **92** dazu beispielhaft Öffentliche Rechtsauskunfts- und Vergleichsstelle ÖRA www.hamburg.de/oera), Berlin und Bremen.

Nach § 12 Abs. 3 und 4 BerHG können die Bundesländer durch Gesetz die **ausschließliche Zu-** **93** **ständigkeit** von Beratungsstellen nach § 3 Abs. 1 BerHG zur Gewährung von Beratungshilfe bestimmen. Nach dem Willen des Gesetzgebers soll den anderen Ländern ebenfalls die Möglichkeit gegeben werden, eine solche Zuständigkeit einzuführen und als vorrangige oder parallele Anlaufstelle für Rechtssuchende erklären.

§ 12 BerHG wurde daher zum 1.1.2014 wie folgt geändert: **94**

> *„a) In Absatz 2 wird das Wort „anwaltlicher" gestrichen.*
> *b) Nach Absatz 2 wird folgender Absatz 3 eingefügt:*
> *„ (3) Die Länder können durch Gesetz die ausschließliche Zuständigkeit von Beratungsstellen nach § 3 Absatz 1 zur Gewährung von Beratungshilfe bestimmen."*
> *c) Der bisherige Absatz 3 wird Absatz 4."*[29]

---

26 BGBl I 2013 (Nr. 55), S. 3533, Art. 2, Nr. 8.
27 BT-Drucks 17/11472 v. 14.11.2012, Begründung zu Art. 2 Nr. 8, S. 44.
28 Vergl. zum materiell-rechtlichen Kostenerstattungsanspruch eines Anspruchsgegners sehr ausführlich und lesenswert: BGH, Urt. v. 12.12.2006, Az.: VI ZR 224/05.
29 BGBl I 2013 (Nr. 55), S. 3533, Art. 2, Nr. 10.

M. Übergangsrecht

95 § 13 BerHG regelt die Übergangsvorschrift:

> *„Ist der Antrag auf Beratungshilfe vor dem 1.1.2014 gestellt worden oder ist die Beratungs-*
> *hilfe vor dem 1.1.2014 gewährt worden, ist dieses Gesetz in der bis zum 31.12.2013 geltenden*
> *Fassung anzuwenden."*[30]

96 Dabei ist bei der ersten Alternative auf den **Eingang des Antrags bei Gericht** und nicht auf das auf dem Antrag angegebene Datum abzustellen.

97 Hat der Anwalt beispielsweise Mitte Dezember 2013 Beratungshilfe ohne Berechtigungsschein erteilt, gilt die Vier-Wochen-Frist des § 6 Abs. 2 BerHG n.F. noch nicht; hier kommt nach § 13 BerHG vielmehr noch die bis zum 31.12.2013 geltende Rechtslage zum Tragen.

98 *Praxistipp:*
Es wird jedoch im Hinblick auf die strittige Rechtsprechung zur Frage der nachträglichen Antragstellung empfohlen, den Antrag gleichwohl zeitnah zu stellen.

---

30 BGBl I 2013 (Nr. 55), S. 3533, Art. 2, Nr. 11.

§ 3 Änderungen im FamFG

Stellungnahmemöglichkeit für den Antragsgegner

§ 77 Abs. 1 S. 2 FamFG wurde zum 1.1.2014 wie folgt gefasst: 1

> *„In Antragsverfahren ist dem Antragsgegner Gelegenheit zur Stellungnahme zu geben, ob er die Voraussetzungen für die Bewilligung von Verfahrenskostenhilfe für gegeben hält, soweit dies aus besonderen Gründen nicht unzweckmäßig erscheint. "*[1]

Es erfolgten zudem im FamFG einige redaktionelle Anpassungen. Auf die Ausführungen in § 1 Rn 25 wird verwiesen.

---

1 BGBl I 2013 (Nr. 55), S. 3533, Art. 9, Nr. 1.

§ 4 Änderungen im RVG

A. Wegfall des Vergütungsvereinbarungs-Verbots

„§ 3a Absatz 4 wird aufgehoben"[1]   **1**

Der Gesetzgeber begründet die Aufhebung wie folgt: **2**

„Es handelt sich um eine Folgeänderung zum Wegfall des Verbotes, Vergütungsvereinbarungen zu treffen, vgl. § 8 BerHG-E. Vielmehr sollen künftig zur Vergütungsvereinbarung die allgemeinen Vorschriften Anwendung finden."[2]

Zur Vermeidung von Wiederholungen wird auf die Ausführungen in § 2 Rn 58 verwiesen.

B. Verzicht auf Vergütungsansprüche

Dem § 4 Abs. 1 RVG wurden zum 1.1.2014 die folgenden Sätze angefügt: **3**

„Liegen die Voraussetzungen für die Bewilligung von Beratungshilfe vor, kann der Rechtsanwalt ganz auf eine Vergütung verzichten. § 9 des Beratungshilfegesetzes bleibt unberührt."[3]

In § 4 Abs. 1 S. 3 und 4 RVG wird das **Recht des Anwalts auf Gebührenverzicht** geregelt, sofern   **4**
die Voraussetzungen für die Bewilligung von Beratungshilfe vorliegen.

Anmerkung: Der Gebührenverzicht führt allerdings nicht dazu, dass der Anwalt Kostenerstat-   **5**
tungsansprüche im eigenen Namen gegen den erstattungspflichtigen Dritten nicht mehr geltend
machen dürfte (vgl. dazu § 9 BerHG sowie § 2 Rn 87 ff.). Mit dieser Regelung kann der Anwalt
die *„Vergütung gleich beim Gegner einfordern"*, ohne die förmlich sonst notwendige Abrechnung und Rückerstattung mit der Staatskasse vorzunehmen. Teilweise wird befürchtet, dass in
der Vorschrift eine Aufforderung zur unentgeltlichen Rechtsberatung versteckt ist.

C. Klarstellung bezogen auf Erfolgshonorarvereinbarungen

In § 4a Abs. 1 S. 3 RVG regelt der Gesetzgeber seit 1.1.2014 wie folgt: **6**

„Für die Beurteilung nach Satz 1 bleibt die Möglichkeit, Beratungs- oder Prozesskostenhilfe in Anspruch zu nehmen, außer Betracht."

Anmerkung: Damit wird klargestellt, dass allein die Möglichkeit, Beratungs- oder Prozesskos-   **7**
tenhilfe in Anspruch zu nehmen, nicht zur Unzulässigkeit einer Erfolgshonorarvereinbarung führen kann.

D.h., der Rechtsanwalt darf ab 1.1.2014 auch in Mandaten, die grundsätzlich der Beratungshilfe
unterfallen, ein Erfolgshonorar vereinbaren.[4]

---

1 BGBl I 2013 (Nr. 55), S. 3533, Art. 14, Nr. 1.
2 BT-Drucks 17/11472 v. 14.11.2012, Begründung zu Art. 14 Nr. 1, S. 49.
3 BGBl I 2013 (Nr. 55), S. 3533, Art. 14, Nr. 2.
4 BT-Drucks 17/11472 zu Art. 14 Nr. 3, S. 50.

D. Höhe der PT-Pauschale

8   In Rechtsprechung und Literatur war bisher strittig, ob die 20 % für die Auslagenpauschale nach Nr. 7002 VV RVG sich nach den gesetzlichen Wahl- oder aber nach den Beratungshilfegebühren richten.

9   Der Gesetzgeber stellt nun in Nr. 7002 VV RVG klar, dass die Gebühren aus der Staatskasse maßgebend sind, wenn solche gezahlt werden.[5]

---

5 BGBl I 2013 (Nr. 55), S. 3533, Art. 14, Nr. 7.

§ 5 Formulierungshilfen

Die nachstehenden Formulierungshilfen sind als Anregung gedacht. Eine Haftung für Vollständigkeit und dauerhafte Richtigkeit kann naturgemäß nicht übernommen werden.

Bitte prüfen Sie daher auch, ab und zu welchem Umfang Sie zu den Hinweisen und Ausfüllhinweisen des Gesetzgebers weitere Hinweise erteilen bzw. wiederholen wollen.

A. Mandant wünscht PKH-Antrag

Sehr geehrter Mandant,

1

Sie wünschen, dass wir für die beabsichtigte Klage Prozesskostenhilfe unter unserer Beiordnung beantragen. Gerne stellen wir den erforderlichen Antrag. Bei der Antragstellung sind einige Dinge zu beachten, auf die wir Sie (nochmals) ausdrücklich hinweisen möchten.

Dem Prozesskostenhilfe-Antrag ist eine Erklärung über die persönlichen und wirtschaftlichen Verhältnisse beizufügen. Die Angaben hierin sind vollständig und wahrheitsgemäß zu erbringen; entsprechende Belege sind vorzulegen (*Belege ggf. auflisten*). Dabei ist zwingend das beiliegende Formular zu verwenden. Sollten Fragen zu diesem Formular auftauchen, können Sie Antworten auf diese Fragen in der Regel den ebenfalls beigefügten Ausfüllhinweisen entnehmen. Diese Ausfüllhinweise sollten Sie in Ruhe und sorgfältig durchlesen. Sie enthalten wichtige Hinweise für Sie.

Die Nichtbeachtung dieser Hinweise kann zu einer Ablehnung der Prozesskostenhilfe oder aber auch späteren Aufhebung führen. Wenn Sie daher an einer möglichst reibungslosen und raschen Entscheidung über Ihren Prozesskostenhilfeantrag Interesse haben, sollten Sie alle hier enthaltenen Hinweise beachten und die Belege vollständig vorlegen! Sollte das Gericht Zweifel an Ihren Angaben haben, ist es berechtigt, von Ihnen zu verlangen, die Angaben in dieser Erklärung eidesstattlich zu versichern. Eine falsche eidesstattliche Versicherung würde strafrechtliche Konsequenzen nach sich ziehen.

Bei bedingtem Klageauftrag (Bedingung: PKH-Bewilligung):

Da Sie uns beauftragt haben, die Klage erst wirksam einzureichen, wenn die Prozesskostenhilfe bewilligt wird, weisen wir Sie weiter auf Folgendes hin:

Für den Antrag auf Bewilligung von Prozesskostenhilfe entsteht eine 1,0 Verfahrensgebühr (*Anmerkung: ggf. 0,3; vgl. Nr. 3335 VV RVG etc.*) aus dem Wert des beabsichtigten Klageverfahrens. Die Höhe der Gebühr richtet sich nach der üblichen Wahlanwaltstabelle. Wird die Prozesskostenhilfe in vollem Umfang bewilligt und die Klage eingereicht, müssen Sie diese Vergütung nicht bezahlen. Wird jedoch die Prozesskostenhilfe abgelehnt und Sie entscheiden sich gegen die Einreichung der Klage, ist diese Vergütung von Ihnen persönlich zu bezahlen.

Bei Vorschussanforderung:

Da nicht feststeht, ob das Gericht die Prozesskostenhilfe bewilligt, wir aber die Klage bereits im Entwurf fertigen müssen, bitten wir um Verständnis dafür, dass wir für diese Tätigkeit einen Vorschuss erbitten (Vorschussrechnung anbei). (*Anmerkung: Wertgrenze 4.000 € beachten!*)

Bitte berücksichtigen Sie, dass dieser Vorschuss auf die Differenz zwischen den Regelgebühren und der PKH-Vergütung verrechnet werden darf, so dass Sie diese Vorschusszahlung auch dann nicht zurück erhalten, wenn die begehrte Prozesskostenhilfe bewilligt wird.

Abschließend möchten wir Sie noch über Folgendes informieren:

Die Bewilligung der PKH führt dazu, dass Sie weder Gerichts- oder Sachverständigenkosten noch Zeugengebühren zahlen müssen. Ordnet uns das Gericht als Ihre Prozessbevollmächtigten bei, können wir in Höhe der PKH-Vergütungstabelle (die niedrigere Gebühren als üblich vorsieht) gegenüber der Staatskasse abrechnen.

Sollten Sie den **Prozess verlieren**, schulden Sie allerdings in der ausgeurteilten Kostenquote die dem Gegner entstandenen Anwaltskosten nach der üblichen Regelvergütungs-Tabelle. Dies gilt selbst dann, wenn dem Gegner ebenfalls Prozesskostenhilfe bewilligt wurde.

Das Gericht kann während der gesamten Dauer des Verfahrens und bis zu vier Jahre nach dessen Rechtskraft jederzeit eine **Überprüfung** Ihrer persönlichen und wirtschaftlichen Verhältnisse vornehmen und Ratenzahlungen oder Einmalzahlungen anordnen, wenn Sie zu Geld gekommen sind. Die Dauer der Ratenzahlung selbst kann dann nochmals vier Jahre betragen. Erfahrungsgemäß müssen Sie zurzeit mit einer entsprechenden Aufforderung zur Vorlage einer neuen Erklärung etwa jährlich rechnen.

Sie sind gesetzlich verpflichtet, dem Gericht unverzüglich eine **Anschriftenänderung** oder aber wesentliche Veränderung Ihrer persönlichen Verhältnisse ungefragt mitzuteilen. Eine wesentliche Veränderung besteht, wenn Sie nicht nur einmal monatlich **100 € brutto mehr** erhalten (d.h. ohne Abzug von Lohnsteuer oder Sozialversicherungsabgaben). Bitte beachten Sie unbedingt diese persönliche Mitwirkungspflicht. Eine Erhöhung Ihres Einkommens kann sich z.B. auch ergeben, wenn Sie eine niedrigere Miete zahlen müssen oder abzugsfähige Schulden wegfallen, weil sie getilgt sind. Bei Missachtung kann das Gericht allein deshalb die PKH nachträglich aufheben, weil Sie die entsprechende Mitteilung nicht von sich aus gemacht haben. Eine Aufhebung der PKH würde für Sie bedeuten, dass Sie nachträglich sämtliche vom Gericht übernommenen Prozesskosten zurückerstatten müssten. In einem solchen Fall schulden sie dann auch unserer Kanzlei die Regelvergütung.

(Und ggf. bei erforderlicher umfangreicher Beweisaufnahme z.B.):

Es besteht seit Januar 2014 zudem für das Gericht die Möglichkeit, die PKH bezogen auf eine Beweiserhebung teilweise aufzuheben. Wir hatten Sie bereits darauf hingewiesen, dass das Gericht möglicherweise für das nach unserer Auffassung sinnvolle verkehrsanalytische Gutachten die Prozesskostenhilfe später teilweise aufhebt. Sollten Sie die Einholung dennoch wünschen, müsste dies auf eigene Kosten geschehen.

Sollten Sie Rückfragen haben, stehen wir Ihnen selbstverständlich gerne zur Verfügung.

Mit freundlichen Grüßen

Ort, Datum, Unterschrift

B. Mandant wünscht keinen Beratungshilfe- oder PKH-Antrag

▼

Sehr geehrter Mandant, 2

wir hatten Sie darauf hingewiesen, dass in Ihrem Fall für die beabsichtigte im Betreff genannte Klage/außergerichtliche Vertretung möglicherweise ein Anspruch auf Beratungs-/Prozesskostenhilfe besteht und ein entsprechender Antrag gestellt werden könnte. Sie wünschten ausdrücklich, dass wir einen solchen Antrag nicht stellen. Die hier entstehenden Kosten (*ggf. ergänzen: die sich aus dem Gegenstandswert berechnen*), haben Sie daher in jedem Fall selbst zu tragen.

Bei PKH:

Bitte zahlen Sie daher den erforderlichen Gerichtskostenvorschuss in Höhe von € sowie die beigefügte Vorschusskostenrechnung über unsere Vergütung in Höhe von € bis zum .

Gleichzeitig möchten wir Sie über Folgendes informieren:

Sollten Sie sich zu einem späteren Zeitpunkt doch noch entschließen, einen PKH-Antrag zu stellen, weisen wir vorsorglich darauf hin, dass die PKH nicht rückwirkend bewilligt werden kann und eingezahlte Gerichtskosten nicht rückerstattet werden. Der geleistete Vorschuss auf die Anwaltsvergütung ist in jedem Fall auf die Differenz zwischen der niedrigeren PKH-Vergütung und der höheren üblichen Regelvergütung zu verrechnen. Diesen erhalten Sie daher nicht zurück und zwar unabhängig davon, ob ein späterer PKH-Antrag noch gestellt wird oder nicht.

Sollten Sie Rückfragen haben, stehen wir Ihnen selbstverständlich gerne zur Verfügung.

Mit freundlichen Grüßen

Ort, Datum, Unterschrift

▲

C. Hinweis über möglichen Aufhebungsantrag RA bzw. Aufhebung der Beratungshilfe

▼

Dem Auftraggeber wurde Beratungshilfe nach dem BerHG bewilligt. Damit steht dem Auftrag- 3
geber eine Beratung/Vertretung zu; die Vergütung für diese Beratungshilfe wird von der Staatskasse übernommen. Der Auftraggeber ist lediglich verpflichtet, einen Betrag in Höhe von 15,00 € an die Kanzlei/den RA zu bezahlen. Der Auftraggeber wird jedoch darauf hingewiesen, dass die Kanzlei/der RA die Aufhebung der Bewilligung beantragen kann, wenn der Auftraggeber aufgrund der Beratung oder Vertretung, für die ihm Beratungshilfe bewilligt wurde, etwas erlangt hat.

Sofern das Gericht die Bewilligung von Amts wegen oder auf Antrag der Kanzlei/des RA aufhebt, weil der Auftraggeber die persönlichen und wirtschaftlichen Verhältnisse für die Bewilligung von Beratungshilfe nicht mehr erfüllt, ist der RA/die Kanzlei berechtigt, die Vergütung nach dem Rechtsanwaltsvergütungsgesetz abzurechnen. (*Ggf.: Diese berechnet sich nach dem Gegenstandswert.*)

Ort, Datum, Unterschrift

D. Hinweis bei nachträglicher Antragstellung von Beratungshilfe

4   Betreff (*hier Angelegenheit konkret bezeichnen*)

Name, Anschrift Auftraggeber

Ich erkläre hiermit, dass die nachfolgend aufgeführten Belege über meine persönlichen und wirtschaftlichen Verhältnisse

-    ██████ (*Auflistung*)

vollständig sind und erkläre weiter, dass mir in derselben Angelegenheit Beratungshilfe bisher weder gewährt noch durch das Gericht versagt worden ist.

Bisher ist oder war in derselben Angelegenheit auch kein gerichtliches Verfahren anhängig.

Mir ist bekannt, dass das Gericht die Beratungshilfe auch ablehnen kann und ich dem Anwalt/ der Kanzlei, der/die mich in obiger Angelegenheit berät/vertritt, bei Ablehnung der Bewilligung von Beratungshilfe die gesetzliche Vergütung nach dem Rechtsanwaltsvergütungsgesetz schulde. (*ggf. weiter bei Vertretung: Mir ist ebenfalls bekannt, dass sich die Vergütung dann nach dem Gegenstandswert richtet.*)

Ort, Datum, Unterschrift

> *Hinweis zur Formulierungshilfe:*
> Bedenken Sie bitte, dass bei reiner Beratung ein Gebührenanspruch nach § 34 RVG besteht; zur Vermeidung späteren Streits, welche Vergütung bei Ablehnung genau geschuldet wird, wird der Abschluss einer Gebührenvereinbarung empfohlen!

Bitte lesen Sie hierzu ergänzend § 2 Rn 64 ff. und die dortigen Ausführungen.

§ 6   Die neuen Formulare

A. Allgemeine Ausführungen – Erklärung über die persönlichen und wirtschaftlichen Verhältnisse

Der Antrag auf Bewilligung von Prozesskostenhilfe ist beim Prozessgericht zu stellen; er kann vor **1** der Geschäftsstelle zu Protokoll erklärt werden (kein Anwaltszwang), § 117 Abs. 1 S. 1 ZPO.

Wird Prozesskostenhilfe für die Zwangsvollstreckung beantragt, ist der Antrag bei dem für die **2** Zwangsvollstreckung zuständigen Gericht zu stellen, § 117 Abs. 1 S. 3 ZPO.

Der Antrag hat zu enthalten (§ 117 Abs. 1 S. 2, Abs. 2 ZPO) **3**

- Darstellung des Streitverhältnisses
- Angabe der Beweismittel
- Erklärung über die persönlichen und wirtschaftlichen Verhältnisse
- Belege zur Erklärung über die persönlichen und wirtschaftlichen Verhältnisse.

Zur Prüfung der Erfolgsaussichten des Rechtsstreits ist eine Darstellung des Streitverhältnisses **4** vorzunehmen, § 114 Abs. 1 S. 1 ZPO. Dies kann für einen Kläger/Antragsteller auf verschiedene Arten geschehen:

- Es wird der Entwurf einer Klage-/Antragsschrift beigefügt (nicht unterschrieben, als Entwurf gekennzeichnet).
- Es wird eine Klage unterschrieben eingereicht jedoch mit dem Hinweis auf der ersten Seite, dass diese Klage nur unter der Bedingung als eingereicht anzusehen ist, dass die begehrte PKH bewilligt wird. Diese Variante ist nicht zu empfehlen. Übersieht das Gericht den Hinweis und stellt die Klage zu, gilt der Rechtsstreit als anhängig geworden mit der Folge, dass der Kläger die Gerichtskosten schuldet, wenn keine PKH bewilligt wird und ggf. bereits auf Seiten des Beklagten ebenfalls Kosten entstehen.
- Es wird die Klage unterschrieben eingereicht unabhängig davon, ob PKH bewilligt wird oder nicht.

Für die Erklärung über die persönlichen und wirtschaftlichen Verhältnisse ist ein Formular einge- **5** führt worden (Anlage 1), welches zwingend zu verwenden ist, § 117 Abs. 4 ZPO. Ausnahmen siehe unter Rn 16.

Die Erklärung über die persönlichen und wirtschaftlichen Verhältnisse enthält Angaben über **6** (§ 117 Abs. 2 ZPO):

- die Familienverhältnisse
- Beruf
- Vermögen
- Einkommen
- Lasten.

Entsprechende **Belege** sind **in Kopie** und **durchnummeriert** beizufügen, § 117 Abs. 2 S. 1 ZPO. **7** Die Erklärung über die persönlichen und wirtschaftlichen Verhältnisse sowie die Belege dürfen dem Gegner jedoch nur mit Zustimmung der Partei zugänglich gemacht werden, § 117 Abs. 2 S. 2 ZPO.

Zum 1.1.2014 wurde dem § 117 Absatz 3 folgender Satz angefügt: **8**

> *„Die Formulare enthalten die nach § 120a Absatz 2 Satz 4 erforderliche Belehrung. "*[1]

---

1 BGBl I 2013 (Nr. 55), S. 3533, Art. 1, Nr. 5.

9   Seit 1.1.2014 ist der Antragsteller nach § 120a ZPO verpflichtet, eine Änderung der Anschrift oder eine wesentliche Veränderung der wirtschaftlichen Verhältnisse unverzüglich von sich aus ungefragt mitzuteilen (vgl. dazu die Ausführungen unter § 1 Rn 49). Antragsteller sind über die Folgen eines Verstoßes dieser Mitteilungspflicht in den neuen Formularen zu belehren.[2]

B.   Neue Formulare – zwingend vorgeschrieben

10   Am 19.12.2013 hat der Bundesrat der Verordnung zur Verwendung eines Formulars für die Erklärung über die persönlichen und wirtschaftlichen Verhältnisse bei Prozess- und Verfahrenskostenhilfe (Prozesskostenhilfeformularverordnung – PKHFV)[3] sowie der Verordnung zur Verwendung von Formularen im Bereich der Beratungshilfe (Beratungshilfeformularverordnung – BerHFV)[4] zugestimmt. Die Bundesrechtsanwaltskammer hat im November 2013 eine Stellungnahme abgegeben.[5] Einige hier angeregte sinnvolle Änderungen wurden jedoch vom Bundesrat nicht übernommen. Der Bundesrat hat den Verordnungen mit Änderungsvorschlägen zugestimmt. Vorgenommene Änderungen sind überwiegend gestalterischer Art.

11   Die Verordnung zur Verwendung von Formularen im Bereich der Beratungshilfe (Beratungshilfeformularverordnung – BerHFV) wurde am 8.1.2014 im Bundesgesetzblatt verkündet und ist am 9.1.2014 in Kraft getreten.[6] Hierin enthalten sind das Antragsformular sowie das Formular zur Festsetzung der Vergütung aus der Staatskasse. Beide Formulare müssen verwendet werden.

12   Die Verordnung zur Verwendung eines Formulars für die Erklärung über die persönlichen und wirtschaftlichen Verhältnisse bei Prozess- und Verfahrenskostenhilfe (Prozesskostenhilfeformularverordnung – PKHFV) wurde am 21.1.2014 im Bundesgesetzblatt verkündet und ist am 22.1.2014 in Kraft getreten.[7] Hierin enthalten ist das Antragsformular. Der Vergütungsfestsetzungsantrag kann wie bisher formlos gestellt werden. Gleichzeitig tritt die bisherige Prozesskostenhilfevordruckverordnung außer Kraft.[8]

13   Im Nachfolgenden wird auf mögliche Probleme, die sich mit diesen als Anlage zu diesem Werk befindlichen Formularen ergeben können, eingegangen. Bitte berücksichtigen Sie dabei jedoch, dass bei der Erstellung dieses Werks nur wenige Tage nach Inkrafttreten der Verordnungen noch keine Praxiserfahrung mit diesen neuen Formularen vorlag. Einiges wird sich daher erst in der Praxis zeigen.

14   Für die Erklärung über die persönlichen und wirtschaftlichen Verhältnisse ist ein Formular eingeführt worden (Anlage 1), welches zwingend zu verwenden ist, § 117 Abs. 4 ZPO.

Ausnahmen sind in § 1 Abs. 2 sowie § 2 PKHFV geregelt.

15   Der Formularzwang gilt nicht für die Erklärung einer Partei kraft Amtes, einer juristischen Person oder einer parteifähigen Vereinigung, § 1 Abs. 2 PKHFV.

16   § 2 PKHFV regelt die **vereinfachte Erklärung** in bestimmten Fällen (Gesetzesabkürzungen und Fettdruck durch die Verfasserin), wobei eine entsprechende Erklärung des gesetzlichen Vertreters, der unterhaltspflichtig ist, vorzulegen ist):

> *„(1) Ein minderjähriges unverheiratetes Kind, das in einer **Abstammungssache** nach § 169 FamFG oder in einem Verfahren über den **Unterhalt** seine Rechte verfolgen oder verteidigen oder das einen **Unterhaltsanspruch vollstrecken** will, kann die Erklärung gemäß § 117*

---

2 BT-Drucks 17/11472 v. 14.11.2012, Begründung zu Art. 1 Nr. 5, S. 31.

3 BR-Drucks 780/13 (Beschluss) v. 19.12.2013.

4 BR-Drucks 779/13 (Beschluss) v. 19.12.2013.

5 Stellungnahme-Nr. 21/2013, November 2013 der Bundesrechtsanwaltskammer.

6 BGBl. I 2014, S. 3 ff.

7 BGBl. I 2014, S. 34 ff.

8 G. v. 17.10.1994 (BGBl I S. 3001), zuletzt geändert durch Artikel 36 des G. v. 27.12.2003 (BGBl I S. 3022).

Absatz 2 Satz 1 oder § 120a Absatz 1 Satz 3 ZPO ohne Benutzung des in der Anlage bestimmten Formulars abgeben, wenn es über Einkommen und Vermögen, das nach § 115 ZPO einzusetzen ist, nicht verfügt.

Die Erklärung des Kindes muss in diesem Fall enthalten:

1. *Angaben darüber, wie es seinen Lebensunterhalt bestreitet, welche Einnahmen es im Monat durchschnittlich hat und welcher Art diese sind;*

2. *die Erklärung, dass es über Vermögen, das nach § 115 ZPO einzusetzen ist, nicht verfügt; dabei ist, soweit das Kind oder sein gesetzlicher Vertreter davon Kenntnis hat, anzugeben,*

   a) *welche Einnahmen die Personen im Monat durchschnittlich brutto haben, die dem Kind aufgrund gesetzlicher Unterhaltspflicht Unterhalt gewähren;*

   b) *ob die Personen gemäß Buchstabe a über Vermögensgegenstände verfügen, deren Einsatz oder Verwertung zur Bestreitung eines dem Kind zu leistenden Prozesskostenvorschusses in Betracht kommt; die Gegenstände sind in der Erklärung unter Angabe ihres Verkehrswertes zu bezeichnen.*

Die vereinfachte Erklärung im Antragsvordruck für das vereinfachte Verfahren zur Abänderung von Unterhaltstiteln ist weiterhin möglich; sie genügt auch, wenn die Verfahren maschinell bearbeitet werden. Das Kind kann sich auf die Formerleichterungen nicht berufen, wenn das Gericht die Benutzung des in der Anlage bestimmten Formulars anordnet.

(2) Eine Partei, die nach dem SGB XII laufende Leistungen zum Lebensunterhalt bezieht, muss die Abschnitte E bis J des in der Anlage bestimmten Formulars nicht ausfüllen, wenn sie der Erklärung den zum Zeitpunkt der Antragstellung aktuellen Bewilligungsbescheid des Sozialamtes beifügt, es sei denn, das Gericht ordnet dies ausdrücklich an."

Zulässige Abweichungen vom Formular und Hinweisblatt für **besondere Gerichtsbarkeiten**   **17** (Kennzeichnungspflicht) bzw. die aufgrund einer Änderung von Rechtsvorschriften erforderlich werden, regelt § 3 Abs. 1 PKHFV. Nach § 3 Abs. 2 PKHFV dürfen der Bund und die Länder jeweils für ihren Bereich Anpassungen und Änderungen von dem in der Anlage zur PKHFV bestimmten Formular zulassen, die es, ohne den Inhalt zu verändern oder dessen Verständnis zu erschweren, ermöglichen, das Formular in elektronischer Form auszufüllen und dem Gericht als strukturierten Datensatz zu übermitteln; wobei diese Befugnis durch Verwaltungsabkommen auf eine zentrale Stelle übertragen werden kann.

C. Zu einzelnen Inhalten des PKH-Formulars und Hinweisblatts

I. Angaben zur Rechtschutzversicherung

Unter *„B Rechtsschutzversicherung/Mitgliedschaft"* wird auf S. 1 Ziff. 2. der Erklärung über die   **18** persönlichen und wirtschaftlichen Verhältnisse bei Prozess- oder Verfahrenskostenhilfe (zur besseren Lesbarkeit im Nachfolgenden PKH-Erklärung genannt) abgefragt, ob eine Rechtsschutzversicherung oder eine Mitgliedschaft in einem Verein/einer Organisation (z.B. Gewerkschaft, Mieterverein, Sozialverband) besteht, der/die die Kosten der beabsichtigten Prozess- oder Verfahrensführung trägt (unter 1.) oder (unter 2.) tragen könnte bzw. einen Prozessbevollmächtigten stellen könnte.

Der Rechtsuchende erhält hier die Möglichkeit, mit *„Ja"* oder *„Nein"* anzukreuzen. Kreuzt er   **19** *„Ja"* an, erhält er den Hinweis, dass er die Versicherung/den Verein/die Organisation bezeichnen muss und möglichst vorab klären soll, ob die Kosten getragen werden. Bereits vorhandene Belege über eine (Teil-)Ablehnung seitens der Versicherung/des Vereins/der Organisation sollen dem Antrag beigefügt werden (siehe dazu auch Ausfüllhinweise zur PKH-Erklärung S. 3 *„B"*). Die Bundesrechtsanwaltskammer (BRAK) hatte in ihrer Stellungnahme vom November 2013 unter Ziff. I. 1. darauf hingewiesen, dass möglicherweise eine Voreingenommenheit des Richters besteht, wenn die Rechtschutzversicherung (RSV) mangels Erfolgsaussichten die Deckungszusage abgelehnt hat. Nach Auffassung der BRAK sollte daher die Neuregelung unter Ziff. 2. (Vorlage von vorhandenen Belegen über eine Teil-Ablehnung) ersatzlos gestrichen werden. Dies wurde jedoch vom Bundesrat nicht umgesetzt. Entsprechende Belege sind also vorzulegen.

20 Weiter stellt sich die Frage, ob hier *„Nein"* angekreuzt werden kann, wenn z.B. ausschließlich Verkehrsrechtschutz besteht, die PKH aber für eine mietrechtliche Angelegenheit beantragt wird. M.E. kann in einem solchen Fall die Frage mit *„Nein"* beantwortet werden, da nicht abgefragt wird, ob generell eine RSV besteht, sondern vielmehr, ob eine RSV besteht, die die Kosten *der beabsichtigten Prozessführung* tragen könnte.

21 Steht also im Vorhinein bereits fest, dass die RSV hier wegen eingeschränktem Versicherungsschutz für ein bestimmtes Rechtsgebiet sowieso ablehnen würde, ist m.E. auch nicht vorab (sinnloser Weise) eine entsprechende Deckungsanfrage zu starten.

22 Kritischer könnten die Fälle werden, wenn die RSV behauptet, dass für den angestrebten Prozess Deckungsschutz nicht übernommen wird, z.B. weil es sich um ein vorvertragliches Ereignis handelt. Hier ist abzuwarten, wie sich die Mitteilung einer solchen Ablehnung in der Praxis auswirken wird und ob Gerichte vermehrt dazu übergehen werden, den Rechtsuchenden auf den Rechtsweg gegenüber der RSV zu verweisen. Lehnt die RSV die Kostenübernahme ab, weil sie keine Erfolgsaussichten sieht, sehe ich es ebenso wie in der Stellungnahme der BRAK, dass dies zu einer Voreingenommenheit des Richters führen könnte. Hier kann es möglicherweise zu einer Pattsituation für den Antragsteller/Auftraggeber des Anwalts kommen. Wird die Ablehnung wegen mangelnder Erfolgsaussichten dem Gericht mit der PKH-Erklärung vorgelegt, ohne dass im PKH-Antrag Ausführungen hierzu seitens des Anwalts erfolgen, schließt sich das Gericht möglicherweise der Auffassung der RSV an. Trägt der Anwalt jedoch vor, dass er die Ablehnung der RSV, aus welchem Grund auch immer, für unberechtigt hält und verweist insofern auf den Entwurf seiner Klageschrift, wird es möglicherweise zu einer Rückfrage seitens des Gerichts kommen, warum gegen die Ablehnung der RSV nicht vorgegangen wird. Möglicherweise wird das Gericht die Akzeptanz der Ablehnung als mutwillig auslegen, sodass die PKH nicht nur mangels Erfolgsaussichten, sondern auch wegen Mutwilligkeit abgelehnt wird.

23 In dem bisher geltenden Vordruck für die Erklärung über die persönlichen und wirtschaftlichen Verhältnisse bei Prozesskostenhilfe war lediglich unter *„B"* anzugeben, ob eine RSV oder andere Stelle/Person die Kosten der Prozessführung trägt, durch Ankreuzen des Feldes *„Nein"* bzw. *„Ja in voller Höhe"* bzw. Ausfüllen des Feldes *„Ja, in Höhe von €..."*. Auch der im bisherigen Vordruck vorgesehene Platz im Vergleich zu dem deutlich erweiterten Platz im neuen Formular lässt die Vermutung aufkommen, dass diesem Punkt *„B"* in Zukunft wesentlich mehr Aufmerksamkeit gewidmet wird, als bisher. Es bleibt abzuwarten, wie sich daher dieser Punkt in der Praxis auswirken wird; viele Antragsteller haben ohnehin keine RSV.

24 Besteht ein Rechtsschutz im Hinblick auf die Mitgliedschaft in einer Gewerkschaft, kann ein Hilfsbedürftiger hierauf verwiesen werden.[9]

25 Geht der Antragsteller davon aus, dass seine RSV zu Unrecht den Deckungsschutz verweigert hat und ist beabsichtigt gegen die Ablehnung gegenüber der RSV vorzugehen, die Sache ist aber eilbedürftig, so ist m.E. ein PKH-Antrag möglich und im PKH-Antrag entsprechend dazu auszuführen, dass gegen die RSV gesondert vorgegangen wird, um Deckungsschutz doch noch zu erreichen. Das Gericht kann m.E. dann die begehrte Prozesskostenhilfe auch bewilligen und im Hinblick auf die Pflicht des Antragstellers, eine wesentliche Veränderung seiner Vermögensverhältnisse (§ 120 a Abs. 2 ZPO) anzuzeigen, ist der Antragsteller verpflichtet, bei nachträglicher Erteilung einer Deckungszusage dies dem Gericht unverzüglich mitzuteilen, so dass dieses die bewilligte PKH auch wieder aufheben kann bzw. wird.

---

9 BAG, NJW 2013, 493.

II. Unterhaltsanspruch gegenüber anderen Personen

Unter *„C Unterhaltsanspruch gegenüber anderen Personen"* auf S. 1 des PKH-Formulars wird künftig nicht mehr darauf abgestellt, ob Unterhaltsleistungen bezogen werden, sondern vielmehr, ob ein Unterhaltsanspruch gegenüber anderen Personen **besteht**.   26

Aufgelistet sind hier beispielhaft Unterhaltsansprüche gegenüber Eltern, Ehegatten, oder eingetragenen Lebenspartnern. Es bestehen allerdings auch u.U. Unterhaltsansprüche der Eltern gegenüber einem Kind, von dessen Existenz das (erwachsene) Kind mangels Rechtskenntnissen nicht einmal etwas weiß. Ob hier der Zusatz in der Aufführung der Unterhaltsansprüche in den Ausfüllhinweisen *„und umgekehrt"* ausreicht, ist fraglich. Fraglich ist auch, woher der Antragsteller wissen soll, ob ein solcher Anspruch besteht, wenn er die Einkommens- und Vermögensverhältnisse des (vermeintlich) Unterhaltspflichtigen gar nicht kennt. Zwar wird in den Ausfüllhinweisen darauf verwiesen, dass ein Unterhaltsanspruch voraussetzt, dass der Unterhaltsberechtigte außerstande ist, sich selbst zu unterhalten und der Unterhaltspflichtige leistungsfähig ist. Gerade Letzteres ist aber dem Antragsteller möglicherweise gar nicht bekannt.   27

Besonders bedenklich ist die Neugestaltung der Frage unter *„C"* m.E. auch im Hinblick darauf, dass unrichtige Angaben eine Strafverfolgung nach sich ziehen können, bzw. das Gericht den Antragsteller auffordern kann, die Angaben noch eidesstattlich zu versichern. Eine fehlerhafte Angabe kann zudem zu einer Aufhebung der PKH-Bewilligung führen. Es bleibt abzuwarten, inwiefern hier klärende Rückfragen der Gerichte erfolgen.   28

III. Angehörige, denen Bar- oder Naturalunterhalt gewährt wird

Die erforderlichen Angaben in Feld *„D Angehörige, denen Sie Bar- oder Naturalunterhalt gewähren"* hat außer kleinen sprachlichen Anpassungen keine Änderungen zum bisherigen Vordruck erfahren. Auch hier sind entsprechende Belege wie Titel oder Zahlungsnachweise beizufügen.   29

IV. Bruttoeinnahmen

Den Einnahmen des Antragstellers unter *„E bis J"* widmet das neue Formular eine vollständige Seite. Der Gesetzgeber erläutert oberhalb der auszufüllenden Felder, dass die Abschnitte *„E bis J"* nicht ausgefüllt werden müssen, es sei denn, das Gericht ordnet dies an, wenn der Antragsteller laufende Leistungen zum Lebensunterhalt nach den SGB XII (Sozialhilfe) bezieht und den aktuellen Bescheid einschließlich des Berechnungsbogens vollständig beifügt. Nicht zu Unrecht hat die Bundesrechtsanwaltskammer darauf hingewiesen, dass viele Bürger den Unterschied zwischen Leistungen nach dem SGB II oder SGB XII nicht kennen und gebeten, um Rückfragen zu vermeiden, in das Formular den Hinweis aufzunehmen, dass dem entsprechenden Bescheid entnommen werden kann, ob es sich um Leistungen nach SGB II oder SGB XII handelt.[10] Dieser Anregung der Bundesrechtsanwaltskammer ist der Gesetzgeber jedoch nicht gefolgt. Ebenso hatte die Bundesrechtsanwaltskammer angeregt, auch SGB II-Bezieher von der Ausfüllerleichterung profitieren zu lassen.[11] Auch diese Anregung wurde vom Bundesrat nicht übernommen.   30

Demnach haben folgende Personen die Abschnitte „E" bis „J" auszufüllen: 31

- Bezieher von Arbeitslosengeld I
- Bezieher von Arbeitslosengeld II
- Bezieher von Arbeitslosengeld I mit Aufstockung von Arbeitslosendgeld II (sog. „Aufstocker").

---

10 Stellungnahme-Nr. 21/2013, S. 4 oben, November 2013 der Bundesrechtsanwaltskammer.
11 Stellungnahme-Nr. 21/2013, S. 4 oben, November 2013 der Bundesrechtsanwaltskammer.

32   Die Abschnitte „*E bis J*" müssen nicht ausfüllen:

- Personen, die SGB XII (**Sozialhilfe**) beziehen; somit Personen, die nicht mehr **erwerbsfähig** sind.

33   Zu berücksichtigen ist, dass die Ausfüllerleichterung jedoch ausschließlich die Abschnitte „*E bis J*" betrifft. Sämtliche anderen Abschnitte sind vom Antragsteller auszufüllen.

34   Es werden künftig differenziertere Angaben abgefragt, wie z.B. ob auch Kindergeldzuschlag gewährt wird. Die Einkommensarten, wie z.B. Unterhaltszahlungen, Rente/Pension, Arbeitslosengeld I, Arbeitslosengeld II, Krankengeld und Elterngeld erhalten eine eigene Abfragezeile. Weihnachts-, Urlaubsgeld jährlich, Steuererstattungen jährlich, BAföG monatlich etc. können wie bisher in einem gesonderten frei auszufüllenden Feld angegeben werden. Die Einnahmen des Ehegatten/eingetragenen Lebenspartners sind im gleichen Umfang anzugeben. Falls alle Fragen zu den Einnahmen verneint werden, hat der Antragsteller auf einem gesonderten Blatt anzugeben, auf welche Umstände er dies zurückführt und wie er seinen Lebensunterhalt bestreitet.

V.   Abzüge

35   Bei den Abzügen unter „*F*" sind nicht nur die zu zahlenden Steuern, sondern auch der **Solidaritätszuschlag** anzugeben. Um Rückfragen von Antragstellern bei den Gerichten bzw. der Gerichte bei Antragstellern zu vermeiden, ist der Begriff Solidaritätszuschlag im Formular aufgenommen worden, so dass hierdurch klar wird, dass der Solidaritätszuschlag abzugsfähig ist.

36   Neu aufgenommen wurde hier zudem das Feld „*Fahrt zur Arbeit (Kosten für öffentliche Verkehrsmittel oder einfache Entfernung bei Kfz-Nutzung)*", sodass dies nicht mehr in dem Feld „*Werbungskosten*" mit aufgenommen werden muss, sondern getrennt aufgeführt wird. Dementsprechend heißt es im Feld „*Werbungskosten/Betriebsausgaben*" auch künftig „*Sonstige Werbungskosten/Betriebsausgaben*".

VI.   Angaben zum Vermögen

37   Unter „*G Bankkonten/Grundeigentum/Fahrzeuge/Bargeld/Vermögenswerte*" wird nun übersichtlich abgefragt, ob der Antragsteller oder sein Ehegatte/seine Ehegattin bzw. der eingetragene Lebenspartner/die eingetragene Lebenspartnerin allein oder gemeinsam über entsprechendes Vermögen verfügen, wie z.B.:

- Bank-, Giro-, Sparkonten oder dergleichen
- Grundeigentum
- Kraftfahrzeuge
- Bargeld oder Wertgegenstände
- Lebens- oder Rentenversicherung
- sonstige Vermögenswerte

Nähere Angaben und die vorzulegenden Belege können den Ausfüllhinweisen entnommen werden.

38   Der Bund Deutscher Rechtspfleger hatte zu „*G*" zudem angeregt, den Punkt „*Schenkungen gem. § 528 Abs. 1 BGB*" mit aufzunehmen, da dem Anspruch aus § 528 Abs. 1 BGB im Bereich des Sozialhilferechts ebenfalls besondere Bedeutung beigemessen würde,[12] unter Verweis auf BGH, Beschl. v. 7.11.2006, Az.: X ZR 184/04.[13] Der Anregung ist der Bundesrat nicht gefolgt.

---

12 Stellungnahme Bund Deutscher Rechtspfleger vom 1.11.2013, Ziff. 3., S. 3.
13 FamRZ 2007, 277 f.

Es bleibt abzuwarten, ob künftig in der Praxis hier Rückfragen des Gerichts erfolgen, zumal die Übertragung der Entscheidung über Prozesskostenhilfeanträge vom Gericht auf die Rechtspfleger geplant ist.

VII. Wohnkosten

Der Gesetzgeber verlangt unter *„H Wohnkosten"* – wie bisher –, die Angabe von Heizungskosten **39** bzw. übrigen Nebenkosten. Der Anregung der Bundesrechtsanwaltskammer,[14] dass das Wort *„Nebenkosten"* durch das Wort „Betriebskosten" ersetzt wird, ist der Gesetzgeber nicht gefolgt. Künftig muss nicht nur die Quadratmeterzahl der Wohnung, sondern auch die Zahl der Zimmer angegeben werden. Darüber hinaus ist die Anzahl der Personen, die den Wohnraum insgesamt bewohnen, anzugeben, nicht mehr nur die Personenzahl, die ggf. unterhaltspflichtig i.S.d. Abschnitts *„D"* des Formulars sind.

Die Ausfüllhinweise zum Antrag auf Beratungshilfe enthalten auf S. 3 unter *„D"* den Hinweis, **40** dass unter Nebenkosten i.S.d. Formulars die auf den Mieter umgelegten Betriebskosten verstanden werden. Gleichzeitig wird in den Ausfüllhinweisen zum Beratungshilfeformular darauf hingewiesen, dass Stromkosten, soweit es sich hierbei nicht um Heizkosten handelt, und Kosten für Telefon nicht abzugsfähige Wohnkosten sind.

VIII. Sonstige Zahlungsverpflichtungen

Unter *„I Sonstige Zahlungsverpflichtungen"* sieht der Gesetzgeber nicht wie bisher im alten Vordruck ein freies Feld zum Ausfüllen vor, sondern vielmehr drei Zeilen. Dies ist nach meiner Auffassung unzureichend, da viele Antragsteller häufig mehr als drei Kreditverbindlichkeiten bedienen müssen. **41**

Der Bund Deutscher Rechtspfleger hatte vergeblich angeregt, unter der Rubrik *„I Sonstige Zahlungsverpflichtungen"* mindestens fünf Zeilen vorzusehen,[15] da neben Krediten auch regelmäßig Raten an Gläubiger, Gerichtskosten oder auch Geldstrafen zu zahlen seien. **42**

IX. Hinweise und Unterschrift

Im alten Vordruck musste der Antragsteller lediglich versichern, dass seine Angaben vollständig **43** und wahr sind und er das Hinweisblatt zu diesem Vordruck erhalten hat, bevor er seine Erklärung unterschrieb.

Im neuen Formular hat der Gesetzgeber ausdrücklich weitere Hinweise aufgenommen, die sich **44** zum Teil auch bereits aus dem Hinweisblatt zum Formular ergeben, da er diesen Hinweisen offensichtlich besondere Bedeutung beimisst.

Die BRAK hatte angeregt,[16] in diesen Hinweis noch aufzunehmen, dass eine wesentliche Verbesserung der wirtschaftlichen Lage des Antragstellers auch dann besteht, wenn der Antragsteller durch den Rechtsstreit etwas erlangt (§ 120a Abs. 3 ZPO n.F.), da dies nach Ansicht der BRAK weder aus dem Hinweisblatt zu diesem PKH-Formular, noch aus dem Formular selbst deutlich genug ersichtlich wird. Der Anregung ist der Bundesrat jedoch nicht gefolgt. **45**

---

14 Stellungnahme-Nr. 21/2013, S. 4, Ziff. 5, November 2013 der Bundesrechtsanwaltskammer.
15 Stellungnahme Bund Deutscher Rechtspfleger vom 1.11.2013, Ziff. 3., S. 3.
16 Stellungnahme-Nr. 21/2013, S. 4, Ziff. 6., November 2013 der Bundesrechtsanwaltskammer.

46   *Praxistipp:*

Um hier keine Missverständnisse für den Antragsteller aufkommen zu lassen, empfehle ich daher, dass dieser Hinweis in einem gesonderten Anschreiben an den Mandanten nochmals durch den Anwalt erteilt wird.

47   M.E. wäre des Weiteren wichtig gewesen, unter *„K"* von „Pflicht**en**" statt „Pflicht" zu sprechen, um unmissverständlich klar zu machen, dass jede Verletzung der dort aufgeführten Pflichten zur Aufhebung der PKH führen kann. Auch wäre wünschenswert gewesen, den Begriff der *„unverzüglichen"* Mitteilung näher zu konkretisieren, da ein „normaler Bürger" in der Regel nicht weiß, dass der Jurist unter *„Unverzüglichkeit"* eine Mitteilung ohne schuldhaftes Verzögern, das heißt in der Regel von wenigen Tagen, versteht. Möglicherweise wollte man hier keine Frist (z.B. einen Monat) aufnehmen. Es steht aber zu befürchten, dass der Begriff der Unverzüglichkeit eng ausgelegt werden wird.

48   Weiter hatte der Bund Deutscher Rechtspfleger angeregt, dass im Formular aufgenommen wird, dass Ansprechpartner für das Gericht im PKH-Überprüfungsverfahren immer der beigeordnete Anwalt ist, sofern die Beiordnung nicht ausdrücklich aufgehoben wurde, und zwar unter Verweis auf BGH, Beschl. v. 8.12.2010, Az.: XII ZB 37/09.[17] Es ist zu begrüßen, dass der Gesetzgeber diesem Vorschlag nicht gefolgt ist.

D. Beratungshilfeformular

49   Auch mit der Verordnung zur Verwendung von Formularen im Bereich der Beratungshilfe (Beratungshilfeformularverordnung – BerHFV) wurde der bisher verwendete Begriff *„Vordruck"* durchweg durch den neuen Begriff *„Formular"* und der *„Rechtsanwalt"* durch *„Beratungsperson"* ersetzt. Die Formulare wurden zudem sprachlich überarbeitet und nach Ansicht des Gesetzgebers einfacher als bisher gefasst.

50   Auch bei der Beratungshilfe gilt, dass Bezieher von SGB XII eine vereinfachte Antragstellung vornehmen können. Es müssen in einem solchen Fall keine Angaben zu den Feldern *„C bis G"* gemacht werden. Aber auch bei der Beratungshilfe gilt, dass Bezieher von SGB II-Leistungen diese Felder auszufüllen haben, vgl. dazu ergänzend die entsprechenden Ausführungen zum PKH-Formular.

51   Die allgemeinen Hinweise sind auf die geänderte Rechtslage zum 1.1.2014 durch das Gesetz zur Änderung des Prozesskostenhilfe- und Beratungshilferechts vom 31.8.2013[18] angepasst worden. Auch sind hier die Änderungen, die sich kostenrechtlich durch das 2. Kostenrechtsmodernisierungsgesetz vom 23.7.2013[19] ergeben haben, wie z.B. die Erhöhung der Beratungshilfe-Gebühr nach Nr. 2500 VV RVG von 10 € auf 15 € berücksichtigt worden.

52   Zur Vermeidung von Wiederholungen wird auf die Ausführungen zum PKH-Formular ab Rn 18 ff. verwiesen.

53   Künftig muss in Feld *„A"* im Rahmen der Antragstellung der Sachverhalt kurz erläutert werden, aufgrund dessen Beratungshilfe beantragt wird.

54   In Feld *„F"* hat man die abgefragten Angaben zum vorhandenen Vermögen an das Formular zur Prozess- und Verfahrenskostenhilfe angelehnt, da der Gesetzgeber keinen Anlass gesehen hat, bei der Beratungshilfe weniger Angaben als bei der Prozesskostenhilfe zu verlangen.[20]

---

17 Stellungnahme Bund Deutscher Rechtspfleger vom 1.11.2013.
18 BGBl I, S. 3353.
19 BGBl I, S. 2586.
20 BT-Drucks v. 27.11.2013, Nr. 779/13, S. 15, „Zu dem Formular für den Antrag auf Beratungshilfe und den Ausfüllhinweisen".

Interessant: Neu ist, dass im Formular auf S. 2 am Ende nicht mehr die Unterschrift des Anwalts   **55**
bzw. einer Beratungsperson hinsichtlich der vorgelegten Belege erforderlich ist, da der Gesetzgeber der Praxis vieler Gerichte, die bereits in der Vergangenheit zur Glaubhaftmachung auf di-
rekte Vorlage der erforderlichen Unterlagen bestanden haben, folgt. In der Regel sind nun nach
§ 4 Abs. 3 bis 6 BerHG die Belege durch den Rechtssuchenden vorzulegen. Es soll zwar dem Antragsteller unbenommen bleiben, seine Angaben durch anwaltliche Versicherung, es hätten bestimmte Unterlagen vorgelegen, glaubhaft zu machen; eine solche Versicherung kann jedoch
nach Ansicht des Gesetzgebers gesondert erfolgen und muss nicht im Formular vorgenommen
werden.[21]

E. Formular für den Beratungshilfe-Vergütungsantrag

In diesem Formular sind die Änderungen, die durch das 2. Kostenrechtsmodernisierungsgesetz   **56**
vom 23.7.2013[22] vorgenommen worden sind, berücksichtigt.

Ebenso berücksichtigt sind auch die Änderungen, die bei der Angabe von Kontodaten im bargeld-   **57**
losen Zahlungsverkehr aufgrund der Art. 5 und 6 Abs. 1 der Verordnung (EU) Nr. 260/2012 vom
14.3.2012 zur Festlegung der technischen Vorschriften und der Geschäftsanforderungen für
Überweisungen und Lastschriften in EUR und zur Änderung der Verordnung (EG) Nr. 924/2009
zwingend ab dem 1. August 2014 vorgeschrieben sind und auch vorher schon verwendet werden
können, berücksichtigt worden (Angabe von IBAN und BIC).

Aufgeführt wird neu zudem die Dokumentenpauschale nach Nr. 7000 VV RVG.

F. Im Einzelnen zum Formular Beratungshilfe-Bewilligungsantrag

Unter *„B"* muss der Rechtssuchende Angaben dazu machen, ob möglicherweise eine andere   **58**
Hilfsmöglichkeit als die Bewilligung von Beratungshilfe besteht. Hier ist insbesondere folgendes
Feld zum Ankreuzen vorgesehen: *„In dieser Angelegenheit besteht für mich nach meiner Kennt-
nis keine andere Möglichkeit, kostenlose Beratung und Vertretung in Anspruch zu nehmen."* Die
BRAK hat in ihrer Stellungnahme[23] richtigerweise darauf hingewiesen, dass im RVG seit dem
1.1.2014 geregelt ist, dass ein Anwalt auf sein Honorar verzichten kann.

Möglicherweise ist dem Antragsteller bekannt, dass in seiner Stadt ein Anwalt bereit ist, kostenlos   **59**
zu beraten. Es dürfte ihm in der Regel aber nicht bekannt sein, dass das Beratungshilfegesetz in § 1
Abs. 2 S. 2 BerHG seit 1.1.2014 ausdrücklich bestimmt, dass die Möglichkeit, sich durch einen
Rechtsanwalt unentgeltlich oder über Erfolgshonorar beraten oder vertreten zu lassen, keine andere Möglichkeit i.S.d. § 1 Nr. 2 BerHG n.F. darstellt.

Es stellt sich somit die Frage, was der Antragsteller ankreuzen soll, wenn er weiß, dass es in seiner   **60**
Stadt Anwälte gibt, die die Beratung kostenlos erteilen. Richtigerweise dürfte er dann unter *„B"*
an der entsprechenden Stelle kein Kreuz machen, sodass ihm die Beratungshilfe versagt werden
müsste. Das Formular ist im Hinblick darauf unzureichend. Eine Änderung erfolgte auf Grundlage der Stellungnahme der BRAK nicht. Auch hier bleibt die Praxis abzuwarten.

---

21 BT-Drucks v. 27.11.2013, Nr. 779/13, S. 16, „Zu dem Formular für den Antrag auf Beratungshilfe und den Ausfüllhinweisen".
22 BGBl I, S. 2586.
23 Stellungnahme-Nr. 21/2013, S. 5, Ziff. 1. „B", November 2013 der Bundesrechtsanwaltskammer.

G. Zum Umfang der Ausfüllhinweise

61 Zu Recht kritisiert der Bund Deutscher Rechtspfleger, dass die Hinweisblätter zu den PKH- und Beratungshilfeformularen zu umfangreich und sprachlich zu kompliziert abgefasst sind.[24] Der Bund Deutscher Rechtspfleger hat sich auch (vergeblich) die Mühe gemacht, ein verkürztes und sprachlich vereinfachtes Hinweisblatt zum Antrag auf Beratungshilfe abzufassen und der Stellungnahme beizufügen.

62 Zu Recht kritisiert der Bund Deutscher Rechtspfleger, dass die Antragsvordrucke für die Beratungs- und die Prozesskostenhilfe unterschiedlich gestaltet sind, obwohl die wirtschaftlichen Voraussetzungen für beide Leistungen die gleichen sind.[25] Hier hätte man aus Gründen der Vereinheitlichung identische Formulare verwenden können.

H. Weitere Anmerkungen

63 Missverständlich sind m.E. die Ausführungen im Hinweisblatt zur Beratungshilfe unter dem Stichwort *„Was kostet mich die Beratungshilfe?"*. Dort heißt es im dritten Absatz, Satz 2 und 3, dass die Beratungsperson den Antrag stellen kann, *„dass die Beratungshilfe aufgehoben wird und von ihnen die vorher mit ihnen für diesen Fall vereinbarten Gebühren verlangen. Darauf müssen Sie aber im Vorwege bei der Mandatsübernahme von der Beratungsperson schriftlich hingewiesen werden. "* Dies ist so m.E. nicht korrekt. Zwar kann die Beratungsperson nur dann einen Aufhebungsantrag stellen, wenn sie einen entsprechenden Hinweis erteilt hat. Dies muss jedoch nicht schriftlich, sondern in Textform erfolgen, § 6a Abs. 2 S. 1 Nr. 2 BerHG. Zudem kann sie, sofern sie keine Gebührenvereinbarung getroffen hat, nach § 34 RVG die übliche Vergütung verlangen; beim Verbraucher sind die Kappungsgrenzen von 190 € bzw. 250 € nach § 34 Abs. 1 S. 3 RVG zu beachten. Bei einer Beratung würde sich damit auch der Abschluss einer Vereinbarung für solche Fälle anbieten (siehe auch die Ausführungen in § 2 Rn 64). Bei einer Vertretung im Wege der Beratungshilfe ist der Abschluss einer Gebührenvereinbarung allerdings nicht erforderlich. Hier kann der Anwalt vielmehr die gesetzlichen Gebühren abrechnen. Sofern sich diese nach dem Gegenstandswert richten, wie z.B. bei der Geschäftsgebühr nach Nr. 2300 VV RVG, hat allerdings auch für die Fälle der nachträglichen Aufhebung der Beratungshilfe der Hinweis zu erfolgen, dass sich diese Gebühren dann nach dem Gegenstandswert richten, vgl. dazu § 49b Abs. 5 BRAO. Hier werden durch die Ausfüllhinweise dem Rechtssuchenden m.E. falsche Informationen gegeben. Der Rechtsanwalt sollte den Rechtssuchenden in Kenntnis der fehlerhaften Ausfüllhinweise (Abrechnung nur vereinbarter Gebühren) im eigenen Interesse korrekt aufklären (vgl. dazu die Formulierungsvorschläge in § 5).

I. Mangelnder Platz

64 Sofern der Platz im Antragsformular nicht ausreicht, können Angaben auf einem gesonderten Blatt gemacht werden. In dem betreffenden Feld ist ein Hinweis auf das gesonderte Blatt aufzunehmen. Dass kein zweites Formular ausgefüllt werden muss, sondern die Angaben auf einem gesonderten Blatt erfolgen können, kann man dem Hinweisblatt zur Beratungshilfe auf S. 2, unter dem Stichwort *„Was ist bei der Antragstellung zu beachten? "* entnehmen.

---

24 Stellungnahme Bund Deutscher Rechtspfleger vom 1.11.2013, Ziff. 2., S. 1.
25 Stellungnahme Bund Deutscher Rechtspfleger vom 1.11.2013, Ziff. 2., S. 2.

J. Lediglich pauschale Hinweise im Hinweisblatt zur Beratungshilfe

Wünschenswert wäre gewesen, wenn das Hinweisblatt zur Beratungshilfe konkreter geworden   **65**
wäre, was die angefallenen Kosten betrifft. So wird teilweise von *„weitergehenden Gebühren"*
gesprochen, wobei sich die Vergütung des Anwalts nicht nur aus Gebühren, sondern auch aus
Auslagen zusammensetzt. Zum anderen ist die gesetzliche Vergütung möglicherweise deutlich
höher, als das, was der Anwalt aus der Staatskasse erhält. Möglicherweise kommt der Rechtssuchende auf die Idee, dass im Falle einer nachträglichen Aufhebung lediglich die von der Staatskasse geleisteten Beträge an den Anwalt selbst zu zahlen sind. Hier sollte also der Anwalt im eigenen Interesse für eine entsprechende Klarstellung sorgen (vgl. dazu Formulierungsvorschlag in
§ 5).

§ 7 Abrechnung in PKH- und BerH-Mandaten

A. Vergütung des beigeordneten Rechtsanwaltes

Bitte berücksichtigen Sie, dass dieses Werk nur einen Auszug an Schwerpunkten der Abrechnung in **1**
PKH-Sachen darstellt, da eine umfassenden Behandlung den Rahmen dieses Werks sprengen würde.
Die Vergütung des beigeordneten Rechtsanwalts richtet sich bei einem Gegenstandswert von bis zu
4.000 € nach der „normalen" Gebührentabelle des § 13 RVG. Das heißt, dass bei Werten bis 4.000 €
der Rechtsanwalt keine Gebührenverluste hinnehmen muss. Erst bei Werten über 4.000 € kommt die
reduzierte Tabelle nach § 49 RVG zur Anwendung. Zu beachten ist, dass die in § 49 RVG aufgeführten Gebühren 1,0-Gebühren sind, d.h., mit dem entsprechenden Gebührensatz zu multiplizieren sind.
Die oberste Wertgrenze bei der Tabelle zu § 49 liegt bei über 30.000 €. D.h. selbst wenn der Anwalt
eine Tätigkeit aus einem Gebührenwert von z.B. 500.000 € erbringt, erhält er nicht mehr an Gebühren, als wäre er mit einem Gegenstandswert von 30.001 € tätig geworden.

Bei einem Gegenstandswert mit 10.000 € beträgt die Gebührendifferenz zwischen Wahlanwalts- **2**
und PKH-Anwaltsvergütung etwas mehr als die Hälfte, was erklärt, warum Anwälte häufig nicht
sehr erfreut auf PKH-Mandate reagieren, vor allem, wenn sie solche Mandate in ihrer anwaltlichen Praxis zu 70 oder gar 80 % betreuen (wie viele Familienrechtler).

Das Bundesverfassungsgericht hat am 31.10.2007 entschieden, dass die Begrenzung der Tabelle **3**
zu § 49 RVG auch dann nicht verfassungswidrig ist, wenn der Gegenstandswert 22 Mio. beträgt.[1]

Merksatz: **4**

| Wert bis 4.000,00 € | → | Gebühren nach § 13 RVG |
| Wert über 4.000,00 € | → | Gebühren nach § 49 RVG |

Die Gebührentabelle zu § 49 RVG wurde zum 1.8.2013 durch das 2. KostRMoG angehoben. Zu- **5**
dem wurde die unterste Wertstufe für die PKH-Tabelle von Werten über 3.000 auf über 4.000 €
angehoben.

„§ 49 Wertgebühren aus der Staatskasse:

Bestimmen sich die Gebühren nach dem Gegenstandswert, werden bei einem Gegenstandswert
von mehr als 4 000 EUR anstelle der Gebühr nach § 13 Absatz 1 folgende Gebühren vergütet:

Gegenstandswert bis ... Euro	Gebühr ... Euro	Gegenstandswert bis ... Euro	Gebühr ... Euro
5 000	257	16 000	335
6 000	267	19 000	349
7 000	277	22 000	363
8 000	287	25 000	377
9 000	297	30 000	412
10 000	307	über 30 000	447"[2]
13 000	321		

Die Gebührentabelle zu § 49 RVG hat somit eine neue Einstiegs-Gebührenstufe erhalten. Seit **6**
1.8.2013 werden daher Gebührenbeträge bis zu einer Wertstufe von 4.000,00 € mit der Wahl-
anwaltsgebührentabelle nach § 13 RVG berechnet; erst bei Werten über 4.000,00 € (bis
5.000,00 €) greift die neue PKH-Tabelle.

---

1 BVerfG, Beschl. v. 31.10.2007, Az.: 1 BvR 574/07 NJW 2008, 1063 = AnwBl. 2008, 75.
2 Zweites Gesetz zur Modernisierung des Kostenrechts (2. KostRMoG) v. 23.7.2013, BGBl I, Nr. 42, ausgegeben am
29.7.2013 S. 2585 bis 2720, Art. 8 Abs. 1 Nr. 26.

7   Für sogenannte „Altfälle" (vgl. dazu § 60 RVG) gilt dagegen noch die bis zum 31.7.2013 geltende Tabelle des § 49 RVG mit der Wertgrenze von 3.000 €.

8   **Hauptsacheprozess bei PKH-Bewilligung mit Wert 2.400 €**

> *Beispiel*
>
> Rechtsanwalt K beantragt für seinen Mandanten PKH zur Durchführung eines Prozesses. Der Gegenstandswert beträgt 2.400 €. Nach Bewilligung der PKH und Beiordnung von Rechtsanwalt K ergeht nach Erörterung der Sach- und Rechtslage ein der Klage stattgebendes Urteil. Die Vergütung richtet sich nach § 13 RVG, da die erste Wertstufe für die PKH-Tabelle nach § 49 RVG (4.000,01 €) nicht erreicht wird.
>
> Gegenstandswert: 2.400 €
>
> | | |
> |---|---:|
> | 1,3 Verfahrensgebühr | |
> | § 13 RVG, Nr. 3100 VV RVG | 261,30 € |
> | 1,2 Terminsgebühr | |
> | § 13 RVG, Nr. 3104 VV RVG | 241,20 € |
> | Auslagenpauschale, Nr. 7002 VV RVG | 20,00 € |
> | Zwischensumme | 522,50 € |
> | 19 % Umsatzsteuer, Nr. 7008 VV RVG | 99,28 € |
> | **Summe** | **621,78 €** |

Hauptsacheprozess über PKH mit Wert 11.200 €

> *Beispiel*
>
> Gleicher Sachverhalt wie voriges Beispiel. Der Wert beträgt hier allerdings 11.200 €. Hier greift die PKH-Tabelle nach § 49 RVG.
>
> Gegenstandswert: 11.200 €
>
> | | |
> |---|---:|
> | 1,3 Verfahrensgebühr | |
> | § 49 RVG, Nr. 3100 VV RVG | 417,30 € |
> | 1,2 Terminsgebühr | |
> | § 49 RVG, Nr. 3104 VV RVG | 385,20 € |
> | Auslagenpauschale, Nr. 7002 VV RVG | 20,00 € |
> | Zwischensumme | 822,50 € |
> | 19 % Umsatzsteuer, Nr. 7008 VV RVG | 156,28 € |
> | **Summe** | **978,78 €** |

9   Beispiel für **Gebührendifferenzen** der Tabellen § 13 und § 49 RVG! Bei einem Gegenstandswert von 260.000 € beträgt die 1,3 Gebühr nach Tabelle 13 Abs. 1 RVG 2.928,90 €. Der Rechtsanwalt, der im Verfahren mit PKH tätig wird, erhält jedoch nur eine Verfahrensgebühr i.H.v. 581,10 €! Dies muss er wegen § 122 Abs. 1 Nr. 3 ZPO hinnehmen.

B.   Vertretung mehrerer Auftraggeber

10   Bei Vertretung mehrerer Auftraggeber gilt grundsätzlich das Übliche wie bei der Abrechnung von Regelgebühren. Es gelten Nr. 1008 VV RVG sowie § 7 RVG. Allerdings soll an dieser Stelle auf eine anwaltsfreundliche Auffassung hingewiesen werden, die bereits zu BRAGO-Zeiten vertre-

ten wurde und analog auf das RVG Anwendung finden kann, wenn man zu dem Ergebnis gelangt, dass dieser Auffassung grundsätzlich Recht zu geben ist.

Vertritt der Rechtsanwalt mehrere Auftraggeber, so erhöht sich seine Verfahrensgebühr um 0,3 für jeden weiteren Auftraggeber, der vertreten wird, wenn der Gegenstand der Tätigkeit derselbe ist.

Häufig kommt es aber zu einer Vertretung mehrerer Auftraggeber, die als unechte Streitgenossen, also ohne gemeinschaftliche Beteiligung am Streitgegenstand den Rechtsstreit führen.   **11**

Beispiel   **12**

Die arbeitslosen Schauspieler Hans und Franz Kunz möchten Unterlassungsansprüche gegen eine Zeitung geltend machen, die in der morgendlichen Schlagzeile behauptet hat, beide würden aufgrund ihres Nichts-Könnens und ihrer Unzuverlässigkeit am Set keine Aufträge mehr erhalten. Da die beiden Schauspieler sehr bekannt sind, setzt das Gericht den Wert für den (höchstpersönlichen) Unterlassungsanspruch des Hans Kunz auf 35.000 € und den für Franz Kunz ebenfalls auf 35.000 €, mithin auf insgesamt 70.000 € fest. Da bereits mit dem Wert für Hans Kunz die höchste PKH-Verfahrensgebühr verdient wird, hätte der Anwalt keinerlei Mehrvergütung für die Mehrarbeit aufgrund der Vertretung mehrerer Auftraggeber, denn die 1,3 Verfahrensgebühr aus 35.000 € nach der Tabelle zu § 49 RVG beträgt 581,10 €. Sie erhöht sich nicht mehr, auch nicht, wenn der Wert von 70.000 € zugrunde gelegt wird.

Der BGH hat daher 1981 in einem ähnlichen Fall entschieden, dass: **13**

„.... der Richter schon nach den Grundsätzen des einfachen Rechts zu einer Ergänzung aufgerufen (ist), die in einem vom Gesetzgeber offensichtlich nicht bedachten Teilbereich ein der Gesamtregelung widersprechendes Ergebnis vermeidet. Wo das möglich ist, erübrigt sich die Prüfung, ob sonst nicht mit Rücksicht auf eine höherrangige Norm (hier etwa Art. 3 Abs. 1 GG) dem Gesetz die Gefolgschaft verweigert werden müsste."[3]

Es wird daher teilweise die Auffassung vertreten, in solchen Fällen, wie dem oben genannten Beispiel, könne der Anwalt – obwohl keine Gegenstandsidentität vorliege, was bei Wertgebühren Voraussetzung für die Abrechnung einer Erhöhung wäre – eine Erhöhung nach Nr. 1008 VV RVG berechnen.[4]   **14**

C. Differenz zwischen Wahlanwalts- und PKH-Gebühren

Grundsätzlich gilt: Differenzvergütungsansprüche, die aus der unterschiedlichen Gebührentabelle (§ 49 zu § 13 RVG) resultieren, können nicht gegen den Mandanten geltend gemacht werden, vgl. auch § 122 Abs. 1 Nr. 3 ZPO. Aber es gibt Fälle, die dem Anwalt ermöglichen, weitere Gebühren ganz oder teilweise zu erhalten, wenn: **15**

- der Gegner in die Kosten verurteilt wird
- nur eine teilweise Bewilligung der PKH erfolgt, jedoch über den Gesamtbetrag geklagt wird
- eine Kostenquotelung erfolgt
- Ratenzahlungen angeordnet sind
- ein Vorschuss geleistet wurde.

---

3 BGH, JurBüro 1981, 1658 = NJW 1981, 2757 = AnwBl. 1981, 402 = MDR 1981, 1004; zitiert nach *Schnapp,* in Schneider/Wolf, AnwK-RVG, 6. Aufl. 2012, § 49 Rn 13.
4 BGH, a.a.O.; OLG Hamm, AGS 2003, 200; *Enders,* JurBüro 2005, 409.

D. Ganz oder teilweise Auferlegung der Kosten

16   Wie ist zu rechnen, wenn einer Partei die Kosten ganz oder teilweise auferlegt werden? Das Nachstehende soll eine Übersicht geben.

1) Die **PKH-Partei gewinnt; Kostenlast für den Gegner**:
   Der Rechtsanwalt hat zwei Möglichkeiten:
   a) Er verlangt von der Staatskasse die Vergütung gem. § 49 RVG und lässt gegen den unterlegenen Gegner die weiteren Kosten (Differenz zur Normalvergütung) gem. §§ 103 ff., 126 ZPO vom Gericht der ersten Instanz **im eigenen Namen** festsetzen.
   b) Er lässt die Normalvergütung in voller Höhe gegen den unterlegen Gegner vom Rechtspfleger der ersten Instanz gem. §§ 103 ff., 126 ZPO (im eigenen Namen) festsetzen.
   Die Festsetzung im eigenen Namen empfiehlt sich, wenn der Gegner gegenüber dem Mandanten mit Ansprüchen aufrechnen könnte. Eine Aufrechnung kann dann nur noch mit einer Kostenentscheidung in derselben Angelegenheit erfolgen, § 126 Abs. 2 ZPO, was für den Rechtsanwalt des PKH-Mandanten eine sicherere Einnahmequelle bedeutet.

2) Die **PKH-Partei verliert** den Prozess und **hat die Kosten** der Gegenseite **zu tragen**:
   a) Die Kosten des eigenen Rechtsanwalts werden aus der Landeskasse erstattet.
   b) Die Kosten der Gegenseite sind nach der Tabelle zu § 13 RVG von der PKH-Partei zu tragen, § 123 ZPO.

3) **Beide Parteien haben PKH** erhalten. Eine Partei verliert. Abgerechnet wird wie unter Ziff. 2 dargestellt. D.h., auch wenn beiden Parteien PKH bewilligt und ein Anwalt beigeordnet worden ist, ändert dies nichts an der Anwendung des § 123 ZPO und die Verpflichtung, die Kosten der obsiegenden Partei zu tragen.

4) Die PKH-Partei **obsiegt nur teilweise**, es ergeht eine Kostenentscheidung dahingehend, dass der Kläger 1/5 und der Beklagte 4/5 der Kosten zu tragen haben.
   In diesem Fall wird eine **Kostenausgleichung** nach § 106 ZPO so vorgenommen, als wenn PKH nicht gewährt worden wäre. Erst dann, wenn die Ausgleichung einen festsetzbaren Anspruch zugunsten des beigeordneten Rechtsanwalts ergibt, kann ein Übergang auf die Staatskasse in Betracht kommen, § 59 Abs. 1 RVG.

17   *Beispiel*
Der im Wege der PKH beigeordnete RA Huber reicht für seine Mandanten Carla und Karl Petersen Klage zum Landgericht München I auf Zahlung eines Betrages von 9.044,80 € ein. Das Gericht bestimmt Termin zur Güteverhandlung. In der Güteverhandlung schließen die Parteien nach Erörterung der Sach- und Rechtslage einen unwiderruflichen Vergleich, wonach der Beklagte an die Kläger zur Abgeltung aller Ansprüche aus diesem Rechtsstreit einen Betrag von 3.000,00 € zu zahlen hat.

a) Vergütungsrechnung von RA Huber gegenüber der Staatskasse

b) Im Vergleich wurde eine Kostenquote vereinbart, nach der die Kläger 1/3 der Kosten und der Beklagte 2/3 der Kosten zu tragen haben. Kostenausgleichung unter Berücksichtigung der Kosten des gegnerischen Rechtsanwalt (keine PKH!). Die Gerichtskosten bleiben außer Betracht.

a) Vergütungsrechnung gegenüber Staatskasse nach § 49 RVG:

Gegenstandswert: 9.044,80 €

1,6 erhöhte Verfahrensgebühr

Nrn. 3100, 1008 VV RVG	491,20 €
Zwischensumme	491,20 €

1,2 Terminsgebühr	
Nr. 3104 VV RVG	368,40 €
1,0 Einigungsgebühr	307,00 €
Nr. 1003 VV RVG	
Auslagenpauschale, Nr. 7002 VV RVG	20,00 €
Zwischensumme	1.186,60 €
19 % Umsatzsteuer, Nr. 7008 VV RVG	225,45 €
Summe	**1.412,05 €**

b) Kostenausgleichung

1. Schritt:

Ermittlung der Kosten des Beklagtenvertreters nach § 13 RVG:

Gegenstandswert: 9.044,80 €

1,3 Verfahrensgebühr	
Nr. 3100 VV RVG	725,40 €
1,2 Terminsgebühr	
Nr. 3104 VV RVG	669,60 €
1,0 Einigungsgebühr	558,00 €
Nr. 1003 VV RVG	
Auslagenpauschale, Nr. 7002 VV RVG	20,00 €
Zwischensumme	1.973,00 €
19 % Umsatzsteuer, Nr. 7008 VV RVG	374,87 €
Summe	**2.347,87 €**

2. Schritt: Ermittlung der Kosten des Klägervertreters

nach § 13 RVG:

1,6 erhöhte Verfahrensgebühr	
Nrn. 3100, 1008 VV RVG	892,80 €
1,2 Terminsgebühr	
Nr. 3104 VV RVG	669,60 €
1,0 Einigungsgebühr	558,00 €
Nr. 1003 VV RVG	
Auslagenpauschale, Nr. 7002 VV RVG	20,00 €
Zwischensumme	2.140,40 €
19 % Umsatzsteuer, Nr. 7008 VV RVG	406,68 €
Summe	**2.547,08 €**

3. Schritt Kostengegenüberstellung

Kosten nach § 13 Klägeranwalt	2.547,08 €
Kosten nach § 13 Beklagtenanwalt	2.347,87 €
außergerichtliche Kosten gesamt:	4.894,95 €

73

hiervon hat der Beklagte zu tragen 2/3 =	3.263,30 €
seine eigenen Kosten betragen:	2.347,87 €
so dass er einen Betrag in Höhe von	915,43 €
an den Kläger zu erstatten hätte.	
Die Kosten des Klägers betragen	2.547,08 €
abzüglich Erstattung Staatskasse	1.412,05 €
Restbetrag (Differenzvergütung)	**1.135,03 €**

Der vom Beklagten zu erstattende Betrag mit 915,43 € bleibt unter diesem Restbetrag. Ein Übergang von Kostenerstattungsansprüchen auf die Staatskasse nach § 59 Abs. 1 RVG erfolgt daher nicht.

18 Grundsätzlich gilt, dass der Rechtsanwalt nach § 126 Abs. 1 ZPO gegen den unterlegenen Gegner ein eigenes Beitreibungsrecht hat. Das Beitreibungsrecht des Anwalts ist auflösend bedingt. Es entsteht mit der Verkündung der Kostengrundentscheidung[5] und wirkt endgültig ab Rechtskraft der Entscheidung bzw. des Vergleichs.[6] Nach Rechtskraft der Kostengrundentscheidung kann daher der Mandant nicht zu Lasten des Anwalts verfügen.[7] Dieses selbstständige Beitreibungsrecht geht nach § 59 Abs. 1 RVG auf die Staatskasse über, soweit der Rechtsanwalt befriedigt ist.[8] Die Staatskasse kann diesen übergegangenen Kostenerstattungsanspruch auch dann geltend machen, wenn dem Gegner ebenfalls Prozesskostenhilfe bewilligt wurde.[9] Nach Rechtskraft der Kostengrundentscheidung ist der Auftraggeber nicht mehr befugt, zu Lasten des Anwalts über den Titel zu verfügen. Dieser Schutz wirkt nach dem Übergang des Beitreibungsrechts auch zugunsten der Staatskasse.[10]

E. Weitere Vergütung bei Prozesskostenhilfe, § 50 RVG

19 § 50 RVG: Nach Deckung der in § 122 Abs. 1 Nr. 1 ZPO bezeichneten Kosten und Ansprüche **hat** die Staatskasse über die Gebühren des § 49 RVG hinaus weitere Beträge bis zur Höhe der Gebühren nach § 13 RVG einzuziehen, wenn dies nach den Vorschriften der ZPO und nach den Bestimmungen die das Gericht getroffen hat, zulässig ist. Die weitere Vergütung ist festzusetzen, wenn das Verfahren durch rechtskräftige Entscheidung oder in sonstiger Weise beendet ist und die von den Parteien zu zahlenden Beträge beglichen sind oder wegen dieser Beträge eine **Zwangsvollstreckung** in das bewegliche Vermögen der Partei **erfolglos geblieben ist** oder **aussichtslos erscheint**.

20 *Beispiel*

Entstandene Vergütung (Vorgabe) siehe unten. Der Mandant zahlt im Rahmen der PKH monatliche Raten von 150,00 €.

Wahlanwaltsvergütung	1.525,40 €
PKH-Anwaltsvergütung	736,60 €
Differenz	788,80 €

---

5 *Fladrich/Bischof,* Neue Justiz 1998, 407.
6 *Philippi* in Zöller, ZPO, § 126 Rn 2.
7 *Fladrich/Bischof,* Neue Justiz 1998, 407.
8 BGH, Rpfleger 1998, 477–478; Forderungsübergang setzt Zahlung aus Staatskasse voraus: *Bräuer* in Bischof/Jungbauer, u.a., 2. Aufl. 2006, § 59 Rn 4.
9 OLG Köln, FamRZ 2004, 37 = NJW-RR 2004, 439; a.A. OLG München, JurBüro 2001, 310 = MDR 2001, 596.
10 BGH RVGreport 2004, S. 111 f.

Staatskasse hat übernommen:

PKH-Anwaltsvergütung	736,50 €
Gerichtskosten (3,0)	657,00 €
Summe	**1.393,50 €**

9 × 150,00 € (Ratenzahlung)	1.350,00 €
10. Monat	43,50 €
Betrag für Staatskasse	1.393,50 €

Staatskasse zieht für RA ein:

im 10. Monat (150,00 € ./. 43,50 €)	106,50 €
(Monate 11 bis 14) 4 × 150,00 €	600,00 €
15. Monat	82,30 €
Summe	**788,80 €**

Wichtig: **21**
➔ unverzügliche Mitteilung der Wahlanwaltsvergütung, § 50 Abs. 2 RVG, Monatsfrist als Ausschlussfrist, § 55 Abs. 6 RVG, keine Wiedereinsetzung,[11] obwohl die Regelung des § 55 Abs. 6 RVG nur auf § 50 RVG, also auf die weitere Vergütung verweist, geht die herrschende Meinung davon aus, dass hiervon auch die Vergütungsansprüche nach § 49 RVG betroffen sind,[12] so dass es durchaus passieren kann, dass der Rechtsanwalt letztlich keinerlei Ansprüche gegen die Staatskasse mehr hat, auch nicht auf Zahlung der PKH-Vergütung[13]
➔ **Pflicht** der Staatskasse (§ 50 Abs. 1 RVG) zur Einziehung, Überwachung und Durchsetzung[14]
➔ Anspruchskonkurrenz mehrerer Anwälte, § 50 Abs. 3 RVG (z.B. Hauptbevollmächtigter und Unterbevollmächtigter); danach bemessen sich die auf die einzelnen Rechtsanwälte entfallenden Beträge nach dem Verhältnis der jeweiligen Unterschiedsbeträge zwischen den Gebühren nach § 49 und den Regelgebühren; dabei sind Zahlungen, die nach § 58 RVG auf den Unterschiedsbetrag anzurechnen sind, von diesem abzuziehen.[15]
Wegen etwaiger Reisekosten, die die Staatskasse nicht trägt, vgl. Rn 31.

F. Verrechnung des Vorschusses bei PKH

Vorschussrecht   **22**
➔ Einforderbarkeit nach § 9 RVG bis zur Bewilligung der PKH; nach Bewilligung nur noch freiwillige Zahlungen möglich (freiwillig heißt: in Kenntnis, dass eine Verpflichtung zur Zahlung nicht besteht)
Verrechnung
➔ § 58 Abs. 2 RVG – auf die Differenz zwischen PKH- und Wahlanwaltsvergütung

11 OLG Bamberg, JurBüro 1993, 89.
12 Zu §§ 128 Abs. 2, 124 und 123 BRAGO: OLG Zweibrücken, Rpfleger 98, 434 m.w.N.; *Hartmann,* § 128 Rn 23; LG Bayreuth, JurBüro 92, 743.
13 Man beachte die Formulierung „Ansprüche" also Plural.
14 Vgl. dazu Gesetzesbegründung, BT-Drucks. 15/1971, S. 201 zu § 50 RVG.
15 Vgl. auch die ergänzenden Ausführungen bei *Jungbauer* in Bischof/Jungbauer u.a., RVG, 2. Aufl. 2006, § 50 Rn 27.

23

Beispiel

Wahlanwaltsvergütung	1.432,60 €
PKH-Anwaltsvergütung	725,00 €
Summe Differenz	**707,60 €**

24 Bis zu diesem Betrag könnte ein Vorschuss gefordert werden. Alle Beträge, die vom Mandanten oder Dritten über diesen Betrag hinausgehend geleistet werden, sind von dem Betrag aus der Staatskasse in Abzug zu bringen.

G. Teilweise Bewilligung von PKH/VKH

25 Manchmal wird PKH für einen bestimmten Gegenstand beantragt, die PKH/VKH jedoch nur teilweise bewilligt, weil z.B. die Staatskasse die Erfolgsaussichten nicht über den gesamten Klagebetrag bejaht.

26

Beispiel

Rechtsanwalt Eder soll Zahlungsklage in Höhe von 6.000 € einreichen. Der Mandant möchte jedoch zunächst nur einen entsprechenden PKH-Antrag stellen und danach entscheiden, in welcher Höhe er tatsächlich klagt. Der Anwalt stellt somit einen PKH-Antrag über 6.000 €. Das Gericht hält den Antrag nur über einen Betrag in Höhe von 4.200 € für aussichtsreich und bewilligt nur in diesem Umfang die PKH und ordnet RA Eder entsprechend bei.

27 **Es gibt nun drei Möglichkeiten, wie der Mandant auf die teilweise Bewilligung reagiert:**

1. Er reicht den Hauptsacheantrag überhaupt nicht ein, da er es sich anders überlegt hat. RA Eder rechnet nun aus 6.000 € eine 1,0 Verfahrensgebühr nach Nr. 3335 VV RVG nebst Auslagen und Umsatzsteuer nach der Tabelle zu § 13 RVG ab.

RA Eder kann mit dem **Mandanten** abrechnen:

Wert: 6.000 € (Abs. 1 der Anm. zu Nr. 3335 VV RVG)

1,0 Verfahrensgebühr, Nr. 3335 VV RVG	354,00 €
PT-Pauschale, Nr. 7002 VV RVG	20,00 €
Zwischensumme	374,00 €
19 % Umsatzsteuer, Nr. 7008 VV RVG	71,06 €
Summe	**445,06 €**

2. Der Mandant beauftragt RA Eder mit der Einreichung des Antrags über 4.200 €, da er nur insoweit VKH bewilligt erhalten hat. Der Antrag wird über 4.200 € eingereicht, nach mündlicher Verhandlung ergeht ein dem Antrag statt gebender Beschluss.

RA Eder kann aus dem Wert i.H.v. 4.200 € gegenüber der Staatskasse abrechnen:

Wert: 4.200 €

1,3 Verfahrensgebühr, § 49, Nr. 3100 VV RVG	334,10 €
1,2 Terminsgebühr, § 49, Nr. 3104 VV RVG	308,40 €
PT-Pauschale, Nr. 7002 VV RVG	20,00 €
Zwischensumme	662,50 €
19 % Umsatzsteuer, Nr. 7008 VV RVG	125,88 €
Summe	**788,38 €**

Mit dem **Auftraggeber** rechnet RA Eder noch ab:

Wert: 6.000 €

1,0 Verfahrensgebühr, § 13, Nr. 3335 VV RVG	354,00 €
abzgl. 1,0 Verfahrensgebühr aus 4.200 €	
§ 13, Nr. 3100 VV RVG	./. 303,00 €
Zwischensumme	51,00 €
19 % Umsatzsteuer, Nr. 7008 VV RVG	9,69 €
Summe	**60,69 €**

Erläuterung: Da RA Eder die Abrechnungssperre des § 122 Abs. 1 Nr. 3 ZPO beachten muss, soweit er beigeordnet ist (also aus einem Wert von 4.200 €, muss er sich so behandeln lassen, als hätte er aus der Staatskasse die Vergütung nach § 13 RVG erhalten. Würde man hier lediglich 257 € abziehen (= 1,0 Verfahrensgebühr nach § 49 RVG aus 4.200 €), erhielte RA Eder über diese Art der Abrechnung noch einen Teil der Differenzvergütung aus dem beigeordneten Wert.

3. Der Mandant möchte, dass der Antrag über den gesamten Betrag in Höhe von 6.000 € eingereicht wird, obwohl er nur über einen Betrag in Höhe von 4.200 € VKH bewilligt erhalten hat. Wie bei teilweiser Bewilligung von VKH abgerechnet wird, wenn über einen höheren Betrag geklagt wird, ist strittig. Im nachfolgenden Beispiel erfolgt die Abrechnung nach der herrschenden Rechtsprechung.

RA Eder kann aus einem Wert i.H.v. 4.200 € gegenüber der **Staatskasse** abrechnen:

Wert: 4.200€

1,3 Verfahrensgebühr, § 49, Nr. 3100 VV RVG	334,10 €
1,2 Terminsgebühr, § 49, Nr. 3104 VV RVG	308,40 €
PT-Pauschale, Nr. 7002 VV RVG	20,00 €
Zwischensumme	662,50 €
19 % Umsatzsteuer, Nr. 7008 VV RVG	125,88 €
Summe	**788,38 €**

Mit dem **Auftraggeber** rechnet RA Eder noch ab:

Wert: 6.000 €/4.200 €

1,3 Verfahrensgebühr aus 6.000 €		
§ 13, Nr. 3100 VV RVG	460,20 €	
./. 1,3 Verfahrensgebühr aus 4.200 €		
§ 13, Nr. 3100 VV RVG	./. 393,90 €	
Rest-Verfahrensgebühr		66,30 €
1,2 Terminsgebühr aus 6.000 €		
§ 13, Nr. 3104 VV RVG	424,80 €	
./. 1,2 Terminsgebühr aus 4.200 €		
§ 13, Nr. 3104 VV RVG	./. 363,60 €	
Rest-Terminsgebühr		61,20 €
Zwischensumme		127,50 €
19 % Umsatzsteuer, Nr. 7008 VV RVG		24,23 €
Summe		**151,73 €**

> *Formel:*[16]
> Wahlanwaltsgebühr aus dem Gesamtstreitwert
> abzüglich Wahlanwaltsgebühr aus dem Teil des
> Gegenstandswertes,
> wegen welchem dem Antragsteller VKH bewilligt worden ist.

H. Vorschuss gegenüber der Staatskasse

28   Wenn dem Rechtsanwalt wegen seiner Vergütung ein Anspruch gegen die Staatskasse zusteht, kann er für die entstandenen Gebühren und die entstandenen und voraussichtlich entstehenden Auslagen aus der Staatskasse einen angemessenen Vorschuss fordern, § 47 Abs. 1 S. 1 RVG.

29   Somit regelt § 47 RVG, dass für die

- **entstandenen** Gebühren nach § 49 RVG[17]
- und die **entstandenen** und **voraussichtlich entstehenden Auslagen**

der Rechtsanwalt einen angemessenen Vorschuss fordern kann.

30   Es können nach dem Gesetzeswortlaut also nur die in dem jeweiligen Arbeitsabschnitt entstandenen Gebühren beansprucht werden. Somit besteht bereits ein Anspruch auf die Verfahrensgebühr, sobald eine Klage bzw. Antrag eingereicht wurde. Hingegen kann die Terminsgebühr erst dann vorschussweise geltend gemacht werden, wenn sie auch entstanden ist. Dieses Vorschussrecht nach § 49 RVG ist daher etwas anders geregelt als das Vorschussrecht in § 9 RVG gegenüber dem eigenen Auftraggeber. Denn § 9 RVG erlaubt auch die Berechnung voraussichtlich entstehender Gebühren im Wege des Vorschusses.

I. Weitere Vergütung – § 50 RVG – Änderung zum 1.8.2013 durch das 2. KostRMoG

31   § 50 Absatz 1 Satz 1 wurde zum 1.8.2013 wie folgt gefasst:

> *„Nach Deckung der in § 122 Absatz 1 Nummer 1 der Zivilprozessordnung bezeichneten Kosten und Ansprüche hat die Staatskasse über die auf sie übergegangenen Ansprüche des Rechtsanwalts hinaus weitere Beträge bis zur Höhe der Regelvergütung einzuziehen, wenn dies nach den Vorschriften der Zivilprozessordnung und nach den Bestimmungen, die das Gericht getroffen hat, zulässig ist.“*[18]

32   Gesetzesbegründung:

> *„Der Vorschlag dient der redaktionellen Klarstellung, dass die Staatskasse nach Befriedigung ihrer Ansprüche nicht nur die Gebührendifferenz, sondern auch zusätzliche Auslagen*

---

16 *Enders*, RVG für Anfänger, 13. Aufl. 2006, Rn 1406 f.; *Jungbauer,* Gebührenoptimierung in Familiensachen, Rn 993; *Mock*, in Schneider/Wolf, 3. Aufl. 2006, VV 3335, Rn 19; vgl. dazu auch OLG Düsseldorf, Beschl. v. 26.1.2005, Az.: II – 10 WF 38/04 = JurBüro 2005, 321; OLG Düsseldorf, 14. ZS, MDR 2001, 57; OLG Zweibrücken, JurBüro 1995; 424; OLG Hamburg, JurBüro 1995, 426.

17 Also nicht die Differenz zur weiteren Vergütung nach § 50 RVG.

18 Zweites Gesetz zur Modernisierung des Kostenrechts (2. KostRMoG) v. 23.7.2013, BGBl I, Nr. 42, ausgegeben am 29.7.2013 S. 2585 bis 2720, Art. 8 Abs. 1 Nr. 27.

wie z.B. eine höhere Auslagenpauschale nach Nummer 7002 oder Auslagen, die nicht aus der Staatskasse zu erstatten sind, einzuziehen hat."[19]

§ 50 Abs. 1 RVG stellt in der neuen Formulierung klar, dass nicht nur die **Differenzgebühren** von der Staatskasse einzuziehen sind, sondern darüber hinaus auch Auslagen, die dem Anwalt entstanden sind und die von der Staatskasse nicht übernommen werden. Richtig ist zwar, dass der Anwalt den bedürftigen Auftraggeber unmittelbar in Anspruch nehmen kann, soweit die Beiordnung nicht greift, die Möglichkeit, dass die Staatskasse nun aber solche Vergütungsbeträge ebenfalls einziehen muss, sofern der Rechtsanwalt diese als weitere Vergütung i.S.d. § 50 RVG geltend macht, ist für den Anwalt sehr komfortabel, da er sich selbst nicht mit der Beitreibung befassen muss. Die Rechtsprechung einiger Gerichte, dass die Abrechnungs-Sperre des § 122 Abs. 1 Nr. 3 ZPO auch hinsichtlich der Vergütung greife, auf die sich die Beiordnung nicht erstreckt, ist m.E. abzulehnen.[20]   **33**

Schneider/Thiel befürchten, dass die Neufassung des § 50 RVG als Argument dafür verwendet werden könnte, der Anwalt könne Vergütungsansprüche/Auslagen außerhalb des Umfangs seiner Beiordnung nicht unmittelbar gegenüber seinem Auftraggeber geltend machen.[21]   **34**

Eine derartige Auslegung halte ich für falsch. Allerdings wird den Anwalt wohl eine Hinweispflicht gegenüber seinem Auftraggeber treffen.   **35**

Der Rechtsanwalt hat daher nach meiner Auffassung nach neuem Recht die Wahl, sofern er seinen Auftraggeber vor Annahme des Mandats darauf hingewiesen hat, dass er bei einer eingeschränkten Beiordnung die nicht von der Beiordnung umfassten Vergütungsansprüche mit dem Mandanten unmittelbar abrechnen wird: **36**

Variante 1:   **37**

Er kann Vergütungsansprüche (somit auch Reisekosten), die von der Staatskasse nicht getragen werden, weil sie nicht zum Umfang der Beiordnung gehören, unmittelbar mit seinem Mandanten abrechnen, da die Sperre des § 122 Abs. 1 Nr. 3 ZPO für derartige Vergütungsansprüche nicht greift.[22]

Variante 2:   **38**

Der Rechtsanwalt kann den Einzug dieser Differenzvergütung (z.B. Reisekosten) nun auf Grundlage der Neufassung des § 50 Abs. 1 S. 1 RVG durch die Staatskasse beitreiben lassen.

Wählt der Rechtsanwalt Variante 1, so verfügt er schneller über das Geld, wenn der Auftraggeber die Kostenrechnung zügig ausgleicht. Wählt der Rechtsanwalt Variante 2, spart er sich allerdings die eigene Einziehung beim Auftraggeber.   **39**

Beispiel   **40**

In einem Verfahren vor dem Amtsgericht München wird auftragsgemäß der beigeordnete Anwalt tätig. Der Anwalt hat seinen Kanzleisitz in Starnberg. Er wird eingeschränkt zu den Bedingungen eines im Gerichtsbezirk München niedergelassenen Anwalts beigeordnet.[23] Der Gegenstandswert hat 7.000,00 € betragen. Das Gericht entscheidet nach mündlicher Verhandlung nach Urteil.

---

19 BT-Drucks 17/11471 v. 14.11.2012 (neu), 2. KostRMoG, Begründung zu Art. 8 Abs. 1 Nr. 27, S. 423.

20 KG, FamRZ 2012, 468; OLG Brandenburg, AGS 2010, 327 = JurBüro 2010, 434; OLG Frankfurt, AGS 2002, 95.

21 *Schneider/Thiel*, Das neue Gebührenrecht für Rechtsanwälte, 2012, § 3 Rn 305.

22 So auch OLG Nürnberg, AGS 2002, 67 = JurBüro 2001, 481 = FamRZ 2001, 1157; *Schneider/Thiel*, Das neue Gebührenrecht für Rechtsanwälte, 2012, § 3 Rn 300 und 303; *Jungbauer*, Rechtsanwaltsvergütung, 5. Aufl. 2010, Kap. 10.

23 **Hinweis:** Die Beiordnung zu den Einschränkungen eines „ortsansässigen Anwalts" scheidet seit der Neuformulierung in § 91 Abs. 2 ZPO grundsätzlich aus; hier ist die Anfechtung mittels Beschwerde zu prüfen.

Berechnung der aus der Staatskasse zu zahlenden Vergütung (§ 49 RVG):

1,3 Verfahrensgebühr Nr. 3100 VV RVG	360,10 €
1,2 Terminsgebühr Nr. 3104 VV RVG	332,40 €
PT-Pauschale Nr. 7002 VV RVG	20,00 €
Zwischensumme	712,50 €
19 % Umsatzsteuer Nr. 7008 VV RVG	135,38 €
Summe	**847,88 €**

Gebühren des Wahlanwalts
(§ 13 RVG)

1,3 Verfahrensgebühr Nr. 3100 VV RVG	526,50 €
1,2 Terminsgebühr Nr. 3104 VV RVG	486,00 €
Abwesenheitspauschale Nr. 7005 Nr. 1 VV RVG	25,00 €
Fahrt mit eigenem Pkw Nr. 7003 RRVG	
25 km × 2 × 0,30 €	15,00 €
PT-Pauschale Nr. 7002 VV RVG	20,00 €
Zwischensumme	1.072,50 €
19 % Umsatzsteuer Nr. 7008 VV RVG	203,78 €
Summe	**1.276,28 €**

Differenz zwischen PKH- und Wahlanwaltsvergütung netto	428,40 €

Die Staatskasse ist verpflichtet, diese Vergütungsdifferenz nach § 50 Abs. 1 RVG einzuziehen, soweit eine Ratenzahlung angeordnet worden ist und die geleisteten Ratenzahlungen 48 Monate nicht übersteigen.[24]

J. Wert für PKH-Prüfungsverfahren

41 Nach dem bis zum 31.7.2013 geltenden Recht befand sich eine einzige Gegenstandswertbestimmung im Vergütungsverzeichnis, dort in der Anm. zu Nr. 3335 VV RVG. Der Gesetzgeber versetzt diese Gegenstandswertbestimmung im Verfahren über die Prozesskostenhilfe in den neuen § 23a RVG. Eine inhaltliche Änderung hat sich durch die Verschiebung nicht ergeben.

42 *„§ 23a Gegenstandswert im Verfahren über die Prozesskostenhilfe*

(1) Im Verfahren über die Bewilligung der Prozesskostenhilfe oder die Aufhebung der Bewilligung nach § 124 Nummer 1 der Zivilprozessordnung bestimmt sich der Gegenstandswert nach dem für die Hauptsache maßgebenden Wert; im Übrigen ist er nach dem Kosteninteresse nach billigem Ermessen zu bestimmen.

(2) Der Wert nach Absatz 1 und der Wert für das Verfahren, für das die Prozesskostenhilfe beantragt worden ist, werden nicht zusammengerechnet."[25]

---

24 Die Dauer der Ratenzahlung sollte durch das PKH-Rechtsänderungsgesetz von 4 auf 6 Jahre erhöht werden; die Änderung wird im Gesetzgebungsverfahren nicht weiter verfolgt.

25 Zweites Gesetz zur Modernisierung des Kostenrechts (2. KostRMoG) v. 23.7.2013, BGBl I, Nr. 42, ausgegeben am 29.7.2013 S. 2585 bis 2720, Art. 8 Abs. 1 Nr. 13.

§ 23a RVG a.F. wurde aufgrund der Neueinfügung des § 23a RVG n.F. zum § 23b RVG. Inhalt-   **43**
lich hatte sich nichts geändert.

Interessant ist in diesem Zusammenhang allerdings die Entscheidung des BGH,[26] der davon aus-
geht, dass der volle Wert (§ 23a Abs. 1, 1. Hs. RVG) auch dann anzunehmen ist, wenn es lediglich
um die Frage der **Beiordnung** geht.

Die Beiordnung in einem Verfahren, das keinen Anwaltszwang vorsieht, kommt nach § 78 Abs. 2   **44**
FamFG nur in Betracht, wenn wegen der Schwierigkeit der Sach- oder Rechtslage die Vertretung
durch einen Rechtsanwalt erforderlich erscheint, der Beteiligte das Verfahren also nicht selbst
führen kann.[27] Wehrt sich der Anwalt im Auftrag des Mandanten gegen eine „Nicht-Beiordnung",
so beziffert der BGH den Gegenstandswert für ein Rechtsbeschwerdeverfahren, dass sich gegen
die Ablehnung der Beiordnung eines Verfahrensbevollmächtigten im Rahmen der bewilligten
Verfahrenskostenhilfe richtet, auf den Wert der Hauptsache.

> *„Der Streitwert im Verfahren der Rechtsbeschwerde gegen die Ablehnung der Beiordnung
> eines Verfahrensbevollmächtigten im Rahmen der bewilligten Verfahrenskostenhilfe richtet
> sich – wie der Wert einer Beschwerde gegen die Versagung der beantragten Verfahrenskos-
> tenhilfe – nach dem Wert der Hauptsache."*[28]

N. Schneider gibt zu Recht zu bedenken, dass es einer Wertfestsetzung für das Rechtsbeschwerde-   **45**
verfahren eigentlich nicht bedurft hätte, da es sich um ein Verfahren handelt, für das keine Wertgebühren auf Gerichtsseite entstehen und der Wert nicht festgesetzt werden muss. Hier wäre vielmehr eine Wertfestsetzung nach § 33 RVG in Frage gekommen.[29]

Es bleibt auch nach neuem Recht dabei, dass für das PKH-/VKH-Prüfungsverfahren keine PKH/   **46**
VKH bewilligt werden kann. Das OLG Saarbrücken hat die schon bisher bekannte Rechtspre-
chung auch nach neuem Recht bestätigt, dass für eine Beschwerde gegen die Entscheidung im
VKH-Prüfungsverfahren keine Verfahrenskostenhilfe bewilligt werden kann.[30]

> *„Bei der Beschwerde eines im Wege der Verfahrenskostenhilfe ohne Ratenzahlung beigeord-
> neten Rechtsanwalts gegen die Verfahrenswertfestsetzung bestimmt sich der Wert des Be-
> schwerdegegenstandes ausgehend von den Wahlanwaltsgebühren und nicht von der Ver-
> gütung nach § 49 RVG."* *(amtlicher Leitsatz)*[31]

K. Gerichtskostenhaftung nach FamGKG und GKG

I. Rechtslage bis zum 31.7.2013

Mehrere Kostenschuldner haften als Gesamtschuldner, § 26 Abs. 1 FamGKG.   **47**

Soweit ein Kostenschuldner aufgrund von § 24 Nr. 1 oder Nr. 2 FamGKG (Erstschuldner) haftet,
soll die Haftung eines anderen Kostenschuldners (z.B. Entscheidungsschuldners) nur geltend gemacht werden, wenn eine Zwangsvollstreckung in das bewegliche Vermögen des ersteren erfolglos geblieben ist oder aussichtslos erscheint, § 26 Abs. 2 S. 1 FamGKG. Zahlungen des Erst-
schuldners mindern seine Haftung aufgrund anderer Vorschriften dieses Gesetzes auch dann in
voller Höhe, wenn sich seine Haftung nur auf einen Teilbetrag bezieht, § 26 Abs. 2 S. 2 FamGKG.

---

26 BGH, AGS 2010, 549 = FamRZ 2010, 1892 = JurBüro 2011, 31 = FamRB 2011, 9 = RVGReport 2011, 72.
27 BGH, NJW 2010, 3029, s. hierzu *Heinemann*, FamFR 2010, 385.
28 BGH, Beschl. v. 15.9.2010, Az.: XII ZB 82/10, BeckRS 2010, 24360 = FamFR 2010, 310912.
29 *N. Schneider*, FamFR 2010, 310912 in Anm. zu BGH, Beschl. v. 15.9.2010, a.a.O.
30 OLG Saarbrücken, Beschl. v. 25.5.2010, AZ: 6 WF 57/10, BeckRS 2010, 15518.
31 OLG Frankfurt a.M., Beschl. v. 8.3.2012, Az.: 4 WF 33/12, BeckRS 2012, 10061.

48   Soweit einem Kostenschuldner, der aufgrund von § 24 Nr. 1 FamGKG haftet (Entscheidungs-schuldner), Verfahrens- oder Prozesskostenhilfe bewilligt worden ist, darf die Haftung eines anderen Kostenschuldners nicht geltend gemacht werden; von diesem bereits erhobene Kosten sind zurückzuzahlen, soweit es sich nicht um eine Zahlung nach § 13 Abs. 1 und 3 des JVEG handelt und die Partei, der die Verfahrens- oder Prozesskostenhilfe bewilligt worden ist, der besonderen Vergütung zugestimmt hat, § 26 Abs. 3 S. 1 FamGKG. Die Haftung eines anderen Kostenschuld-ners darf auch nicht geltend gemacht werden, soweit dem Entscheidungsschuldner ein Betrag für die Reise zum Ort einer Verhandlung, Anhörung oder Untersuchung und für die Rückreise gewährt worden ist, § 26 Abs. 2 S. 2 FamGKG.

49   Problematisch war in der Vergangenheit die Frage der Gerichtskostenhaftung, wenn sich eine VKH-Partei im Vergleich zur Übernahme von Kosten verpflichtet hat. Die Rechtsprechung der OLG war sehr unterschiedlicher Auffassung darüber, ob mit einer solchen Kostenübernahme nicht auch die Gerichtskostenfreiheit der VKH-Partei entfällt. Zum Teil haben selbst die Senate einzelner OLG eine unterschiedliche Auffassung vertreten, wie z.B. das OLG Frankfurt:

> *„1. Die Partei, der Prozesskostenhilfe gewährt wurde, kann vom Gericht auf die Zahlung von Gerichtskosten auch dann nicht in Anspruch genommen werden, wenn sie die Kosten in einem Vergleich ganz oder teilweise übernommen hat. § 122 Abs. 1 Nr. 1a) ZPO schließt eine Inanspruchnahme nicht nur als Veranlassungsschuldner (§ 22 GKG), sondern auch als Entscheidungs- und Übernahmeschuldner (§ 29 GKG) ausdrücklich aus. Etwas anderes ergibt sich auch nicht aus § 31 Abs. 3 GKG, der den Entscheidungsschuldner nach § 29 Nr. 1 GKG, nicht aber den Übernahmeschuldner nach § 29 Nr. 2 GKG vor einem Kostenausgleich des auf die Gerichtskosten in Anspruch genommenen Gegners schützt. Da der Gesetzgeber die Problemlage kannte und er in mehreren Änderungen des GKG von der Anordnung einer Inanspruchnahme ausdrücklich abgesehen hat, fehlt es an einer Regelungslücke, die im Wege der Analogie geschlossen werden könnte. Bundesverfassungsgericht (BVerfGE 51, 295; NJW 2000, 3271) und Bundesgerichtshof (BGH MDR 2004, 295) haben deswegen bislang aus § 31 Abs. 3 GKG (bzw. seinen Vorläufernormen) auch nur den Kostenausgleich zwischen den Parteien, nicht aber die unmittelbare Inanspruchnahme der Prozesskostenhilfepartei durch die Gerichtskasse zugelassen. (amtlicher Leitsatz)"*

> *„2. Im Übrigen verletzt die nicht vorhersehbare Inanspruchnahme der Partei, der Prozesskostenhilfe gewährt wurde, auf Gerichtskosten deren Anspruch auf ein faires Verfahren, wenn die Partei aufgrund einer langjährigen früheren Praxis mit einer solchen Inanspruchnahme zum Zeitpunkt des Vergleichsschlusses nicht rechnen musste. (amtlicher Leitsatz)"*[32]

II. Gesetzliche Änderung zum 1.8.2013

50   Mit dem **2. KostRMoG** wurde zum 1.8.2013 die Frage der Kostenhaftung klargestellt. Entsprechende Neuregelungen, die aber für den Anwalt eine erhebliche Haftungsgefahr bergen, finden sich in § 31 Abs. 4 GKG und für Familiensachen in § 26 Abs. 4 FamGKG. Gerichtskostenfreiheit bleibt in Zukunft nur noch unter den dort genannten Voraussetzungen bestehen.

51   *Hinweis*

Nachdem die Rechtsprechung zu alter Rechtslage teilweise schon von einer Gerichtskostenhaftung ausging, kann nicht ausgeschlossen werden, dass manche Gerichte sich auch für sogenannte Altfälle diese vergangene Rechtsprechung zu Eigen machen. Der Anwalt sollte

---

32 OLG Frankfurt a.M., Beschl. v. 24.11.2011, Az.: 3 U 298/10 BeckRS 2012, 08969; ebenso: OLG Stuttgart, Beschl. v. 15.7.2011, Az.: 11 UF 127/10 BeckRS NJW-RR 2011, 1437 = FamFR 2011, 397 **a.A.** OLG Frankfurt a.M., **18.** Senat, Beschl. v. 1.7.2011, Az.: 18 W 149/11, BeckRS 2011, 24200.

also unbedingt auf eine entsprechende Regelung achten, unabhängig davon, ob es sich um einen ab 1.8.2013 angenommenen Auftrag handelt oder nicht.

§ 31 Abs. 4 GKG wird wie folgt geändert: **52**

„(4) Absatz 3 ist entsprechend anzuwenden, soweit der Kostenschuldner aufgrund des § 29 Nummer 2 haftet, wenn

1. *der Kostenschuldner die Kosten in einem vor Gericht abgeschlossenen oder gegenüber dem Gericht angenommenen Vergleich übernommen hat,*
2. *der Vergleich einschließlich der Verteilung der Kosten von dem Gericht vorgeschlagen worden ist und*
3. *das Gericht in seinem Vergleichsvorschlag ausdrücklich festgestellt hat, dass die Kostenregelung der sonst zu erwartenden Kostenentscheidung entspricht."*

§ 26 FamGKG wird wie folgt geändert: **53**

„a) In Absatz 3 Satz 1 werden jeweils die Wörter „Verfahrens- oder Prozesskostenhilfe" durch das Wort „Verfahrenskostenhilfe" ersetzt.

b) Folgender Absatz 4 wird angefügt:
„(4) Absatz 3 ist entsprechend anzuwenden, soweit der Kostenschuldner aufgrund des § 24 Nummer 2 haftet, wenn

1. *der Kostenschuldner die Kosten in einem vor Gericht abgeschlossenen, gegenüber dem Gericht angenommenen oder in einem gerichtlich gebilligten Vergleich übernommen hat,*
2. *der Vergleich einschließlich der Verteilung der Kosten, bei einem gerichtlich gebilligten Vergleich allein die Verteilung der Kosten, von dem Gericht vorgeschlagen worden ist und*
3. *das Gericht in seinem Vergleichsvorschlag ausdrücklich festgestellt hat, dass die Kostenregelung der sonst zu erwartenden Kostenentscheidung entspricht."*[33]

Der Gesetzgeber begründet die Änderung wie folgt: **54**

Zu § 31 Abs. 4 GKG

„Die auf den Entscheidungsschuldner beschränkte Regelung des § 31 Absatz 3 GKG er-schwert einer Partei, der die Prozesskostenhilfe bewilligt ist, den Abschluss eines gerichtlichen Vergleichs ganz erheblich. Liegen die Voraussetzungen zum Abschluss eines Vergleichs vor, muss die VKH-Partei entweder in Kauf nehmen, dass ihr durch die Kostenregelung im Vergleich insoweit der Schutz vor Zahlung von Gerichtskosten verloren geht, oder sie muss die Kostenregelung ausdrücklich ausklammern und insoweit auf gerichtlicher Entscheidung bestehen. Dies führt jedoch dazu, dass auch der Prozessgegner, dem keine Prozesskostenhilfe bewilligt ist, durch den Vergleich nicht in den Genuss der Gebührenermäßigung, insbesondere nach Nummer 1211 Nummer 3 KV GKG, kommt. Hierdurch ist dessen Vergleichsbereitschaft eingeschränkt.

Die Regelung erschwert es auch dem Gericht, ein Verfahren auf der Grundlage eines gerichtlichen Vergleichsvorschlags zum Abschluss zu bringen. Die vorgeschlagene Regelung soll die Vergleichsbereitschaft auch bei bewilligter Prozesskostenhilfe stärken. Sie entspricht einer Entscheidung des OLG Zweibrücken vom 1.3.2010 5 UF 147/08 (zitiert in juris).

Die Belastung der Staatskasse dürfte sich in Grenzen halten, weil die Wirkungen denjenigen entsprechen, die im Fall einer Streitentscheidung ohnehin eintreten würden. Im Übrigen würden mögliche Mindereinnahmen durch eine Entlastung der Gerichte ausgeglichen. Ein mögliches Missbrauchspotential ist sehr gering, weil ein eigener Spielraum der Parteien für die

---

33 Zweites Gesetz zur Modernisierung des Kostenrechts (2. KostRMoG) v. 23.7.2013, BGBl I, Nr. 42, ausgegeben am 29.7.2013 S. 2585 bis 2720, Art. 5 Abs. 1 Nr. 13 b.

*Kostenverteilung nicht besteht. **Jede Abweichung von dem Vorschlag des Gerichts würde die Schutzwirkung der vorgeschlagenen Vorschrift für die VKH-Partei entfallen lassen....** "*[34]

55 *Praxistipps:*

Es ist fraglich, ob Richter diese kostenrechtlichen Änderungen, die grundsätzlich erst für Angelegenheiten gelten, die ab dem 1.8.2013 anhängig gemacht worden sind, kennen. Es ist daher zu überlegen,

- diese Neuregelung mit Gesetzesbegründung in Kopie mit sich zu führen, um das Gericht im Zweifelsfall informieren zu können
- zum Gerichtstermin immer auch eine Gerichtskostentabelle sowie einen Taschenrechner mitzuführen (empfehlenswert aus Sicht der Autorin: Schwarzwälder Gebührentabelle), um eine etwaige Gerichtskostenbelastung für den Mandanten vor Ort berechnen zu können
- in den Fällen, in denen der Mandant trotz Hinweis auf eine Gerichtskostenbelastung an einer vom gerichtlichen Vorschlag abweichenden Vergleichsidee festhalten möchte das Gericht zu bitten, den ggf. im Gerichtssaal erteilten Hinweis an den Auftraggeber im Sitzungsprotokoll zu vermerken
- in den Fällen, in denen trotz Hinweis des Anwalts der Auftraggeber einen anderweitigen Vergleich abschließen möchte, den erteilten Hinweis zu dokumentieren.

56 *Hinweis:*

Es gibt keine gesetzliche Dokumentationspflicht des Anwalts. Es existiert allerdings Rechtsprechung des BGH, die den Anwalt verpflichtet, bei erkennbarem Aufklärungsbedürfnis des Mandanten diesen über etwaige Kosten aufzuklären. Um sich nicht später dem Vorwurf ausgesetzt zu sehen: *„Den Vergleich hätte ich nie so abgeschlossen, wenn ich DAS gewusst hätte."* empfiehlt sich allerdings eine Dokumentation.

57 **Die Gerichtskostenbelastung** kann wie folgt geltend gemacht werden:

1. Die VKH-Partei ist Antragsteller
   Die VKH-Partei erhält eine der Quote entsprechende Gerichtskostenrechnung.
2. Die VKH-Partei ist Antragsgegner
   Die Antragstellerseite kann gegen die VKH-Partei die Festsetzung der Gerichtskosten im Kostenfestsetzungsverfahren beantragen.

58 *Berechnungsbeispiel:*

Antragstellerin und Antragsgegner schließen einen Vergleich in einem Zugewinnausgleichsverfahren; Wert: 6.000 €. Der Antragsgegnerin wurde VKH unter Beiordnung eines Anwalts bewilligt. Gerichtskosten musste sie aufgrund der VKH-Bewilligung nicht einzahlen, §§ 113 Abs. 1 FamFG, 122 Abs. 1 ZPO. Der Vergleich kommt nicht auf Vorschlag des Gerichts zustande, sondern wurde vielmehr zwischen Antragsgegner und Antragstelle schriftlich ausgehandelt. Der Antragsgegner verpflichtet sich mit diesem Vergleich, 4.000 € zu bezahlen. Kostenquote: 2/3 der Kosten trägt der Antragsgegner; 1/3 der Kosten die Antragstellerin Gerichtskostenbelastung durch Gerichtskostenrechnung nach seit 1.8.2013 geltender Rechtslage (3,0 Verfahrensgebühr reduziert sich auf 1,0 Verfahrensgebühr wegen des Vergleichs; aus Wert: 6.000 € = 165,00 €; hiervon 1/3 = 55,00 €.

---

34 BT-Drucks 17/11471 v. 14.11.2012 (neu), 2. KostRMoG, Begründung zu Art. 3 Abs. 1 Nr. 14, S. 377 f.

L. Erstreckung der Beiordnung nach § 48 Abs. 3 RVG

I. Bisherige Rechtslage

Wird eine Einigung im VKH-Verfahren getroffen, so gilt das VKH-Verfahren als gerichtliches   59
Verfahren, mit der Folge, dass nur eine **1,0 Einigungsgebühr** nach Nr. 1003 VV RVG entsteht,
vgl. dazu Anmerkung zu Nr. 1003 VV RVG. Etwas anderes kann gelten, wenn sich die Einigung
auf die in § 48 Abs. 3 RVG genannten Gegenstände erstreckt, oder aber, wenn PKH/VKH nur für
den Abschluss eines Vergleichs bewilligt wird, vgl. dazu die Anmerkung zu Nr. 1003 VV RVG.

Nr. 1003 VV RVG (Fettdruck und Anmerkungen in Klammer durch die Verfasserin):   60

> *„Über den Gegenstand ist ein anderes gerichtliches Verfahren als ein selbstständiges Beweisverfahren anhängig:*
>
> *Die Gebühren 1000 bis 1002 betragen 1,0*
>
> *(1)* **Dies gilt auch (d.h. 1,0 Einigungsgebühr),** *wenn ein Verfahren über die Prozesskostenhilfe anhängig ist, soweit nicht* **(nun folgen die Ausnahmen, d.h. 1,5 Einigungsgebühr)** *lediglich Prozesskostenhilfe für ein selbstständiges Beweisverfahren oder die gerichtliche Protokollierung des* **Vergleichs (gilt auch für Einigungen!)** *beantragt wird oder sich die* **Beiordnung** *auf den Abschluss eines Vertrags im Sinne der Nummer 1000 erstreckt (§ 48 Abs. 3 RVG)* **(Vorsicht Gerichtskosten-Falle: Beiordnung ist nicht gleich Bewilligung!).** *Das Verfahren vor dem Gerichtsvollzieher steht einem gerichtlichen Verfahren gleich. Die Anmeldung eines Anspruchs zum Musterverfahren nach dem KapMuG steht einem anhängigen gerichtlichen Verfahren gleich.*
>
> *(2) In Kindschaftssachen entsteht die Gebühr auch für die Mitwirkung am Abschluss eines gerichtlich gebilligten Vergleichs (§ 156 Abs. 2 FamFG) und an einer Vereinbarung, über deren Gegenstand nicht vertraglich verfügt werden kann, wenn hierdurch eine gerichtliche Entscheidung entbehrlich wird oder wenn die Entscheidung der getroffenen Vereinbarung folgt.“*

Erstreckt sich die Beiordnung des Rechtsanwalts in einer Ehe- oder Lebenspartnerschaftssache   61
nach § 269 Abs. 1 Nr. 1 und 2 FamFG auf den Abschluss eines Vertrags im Sinne der Nr. 1000
VV RVG (**§ 48 Abs. 3 RVG**), oder aber wird lediglich **VKH für die gerichtliche Protokollierung des Vergleichs** beantragt (gemeint ist hier trotz anderem Wortlaut in der Anmerkung zu
Nr. 1003 VV RVG wohl auch die Einigung und nicht ein Vergleich im Sinne des § 779 BGB),
entsteht die Einigungsgebühr in Höhe von **1,5**.

Voraussetzung, damit eine 1,5 Gebühr anfallen kann, ist damit, dass die Ansprüche weder   62
rechtshängig noch im VKH-Verfahren anhängig sind!

Angenommen, es wird für das Scheidungsverfahren VKH beantragt und unter Beiordnung des   63
Rechtsanwalts auch bewilligt. Die **Beiordnung** erstreckt sich dann ohne weiteren Antrag auf
die in § 48 Abs. 3 RVG genannten Verfahren, somit:

- Ehegattenunterhalt;[35]
- Kindesunterhalt;
- Sorgerecht, Umgangsrecht;
- Rechtsverhältnisse an der Ehewohnung und dem Haushalt;
- Ansprüche aus dem ehelichen Güterrecht;
- Verfahren in Lebenspartnerschaftssachen nach § 269 Abs. 1 Nr. 1 und 2 FamFG.

---

35 Dies gilt auch für den Trennungsunterhalt: Schneider/Wolf, 7. Aufl. 2014, § 48, Rn 66.

64 **Fazit:** Die Einigungsgebühr entsteht aus dem Wert der jeweils in die Einigung einbezogenen obigen Verfahren in Höhe von 1,5, solange nicht der Anspruch rechtshängig gemacht wurde oder **VKH für die Durchführung eines Verfahrens** hierüber beantragt worden ist.

65 Der Rechtsanwalt rechnet seine Gebühren mit der Staatskasse ab. Voraussetzung für den Anfall einer 1,5 Einigungsgebühr ist, dass die obigen Ansprüche (mit Ausnahme der Scheidung, deren Wert ja ohnehin bei der Einigungsgebühr unberücksichtigt bleibt) nicht rechtshängig gemacht worden sind und VKH auch nicht für die Durchführung eines entsprechenden **Verfahrens** gestellt wurde. Es ist allerdings durchaus sinnvoll den Antrag zu stellen, dass sich die VKH auf den Vergleichsabschluss erstreckt, obwohl die Erstreckung der Beiordnung nach § 48 Abs. 3 RVG automatisch eintritt.

66 | *Achtung:*

Allerdings führt die **Erstreckung der Beiordnung** nur dazu, dass die Staatskasse die **RA-Vergütung** für die Protokollierung der Scheidungsvereinbarung im Sinne des § 48 Abs. 3 RVG auch zahlen muss. Die Regelung führt aber **nicht** dazu, dass auch die **Gerichtskosten in Höhe von 0,25** nach Nr. 1500 KV FamGKG von der Staatskasse übernommen werden. Gerichtskosten werden erst bei **Bewilligung der VKH** übernommen.

67 Die Regelung des § 48 Abs. 3 RVG erstreckt sich ausdrücklich **nicht auf eine Vereinbarung über den Versorgungsausgleich!** Um gegenüber der Staatskasse die Vergütung auch aus diesem Gegenstand abrechnen zu können, müsste Verfahrenskostenhilfe für den Vergleichsabschluss beantragt werden. Soweit der Versorgungsausgleich von Amts wegen durchzuführen ist, erstreckt sich zwar gemäß § 149 FamFG die Bewilligung der Verfahrenskostenhilfe in der Ehe- oder entsprechenden Lebenspartnerschaftssache auf den Versorgungsausgleich. In § 149 FamFG ist aber nicht von Erstreckung der Beiordnung die Rede.[36] Diese ist aber erforderlich, um die Anwaltsvergütung mit der Staatskasse abrechnen zu können.

68 Es erfolgt auch keine Erstreckung der Beiordnung nach § 48 Abs. 3 RVG für die **Kindesherausgabe**, die ebenfalls nicht in § 48 Abs. 3 RVG erwähnt ist![37]

69 Auf die Regelung während der Ehe begründeter gemeinschaftlicher **Schulden** erstreckt sich die Bewilligung nach § 48 Abs. 3 RVG **nicht**.[38] Allerdings gibt es regional durchaus Gerichte, die § 48 Abs. 3 RVG für die Schuldenregelung im Rahmen des Zugewinnausgleichsverfahrens anwenden.

70 In der Praxis war es bis zum 31.7.2013 äußerst strittig, welche Kosten bei einem solchen Vergleichsabschluss von der Staatskasse zu übernehmen sind. Bei der Erstattung der Vergütung aus der Staatskasse hat die Rechtsprechung mehr oder weniger alles vertreten, was überhaupt denkbar ist.[39] Nur selten wurde die Rechtsprechung der Tatsache gerecht, dass durch die man-

---

36 **A.A.:** AnwK RVG-*Schneider*, 7. Aufl. 2014, § 48 Rn 68 und 73, wobei auf den Unterschied „Bewilligung von VKH" und „Beiordnung des RA" nicht eingegangen wird.

37 OLG Nürnberg JurBüro 1986, 1533 noch zu § 122 BRAGO; ebenso: AnwK RVG-*Schneider*, 7. Aufl. 2014, § 48 Rn 74.

38 OLG Koblenz AGS 2004, 157.

39 **Nur Einigungsgebühr, keine Differenzverfahrensgebühr und keine Terminsgebühr**: OLG Bamberg, FamRZ 2008, 2142; OLG Düsseldorf, FamRZ 2009, 714 = JurBüro 2009, 98; OLG Oldenburg, FamRZ 2010, 400 = JurBüro 2010, 93; OLG Celle, FamRZ 2011, 835 = JurBüro 2011, 196 = NJW-RR 2011, 716; OLG Rostock, FamRZ 2008, 708 = JurBüro 2008, 373; **nur Einigungsgebühr und Differenzverfahrensgebühr, keine Terminsgebühr:** OLG Hamm, FamRZ 2012, 354; OLG Schleswig, FamRZ 2012, 1418; OLG München, FamRZ 2009, 1780 = JurBüro 2009, 478 = MDR 2009, 1315; AG Koblenz, FamRZ 2006, 1219; OLG Schleswig, AGS 2012, 404 (Terminsgebühr wurde hier jedoch nicht geltend gemacht); **Festsetzung neben der Einigungsgebühr auch der Differenzverfahrensgebühr und der Terminsgebühr:** OLG Schleswig, SchlHA 2012, 109; OLG Koblenz, FamRZ 2009, 143 = NJW 2009, 237; OLG Köln, FamRZ 2008, 707 = NJW-Sepzial 2007, 523; OLG Saarbrücken, NJW 2008, 3150 = FamRZ 2009, 143 = RVGReport 2008, 384; OLG Stuttgart, FamRZ 2008, 1010 = JurBüro 2008, 306 = AnwBl 2008, 303; OLG Nürnberg, NJW 2011, 1297 = AnwBl 2011, 230 = FamRZ 2011, 1976 = FamFR 2011, 88; OLG Karlsruhe, FamRZ 2009, 2114 = NJW 2010, 1383 = FamFR 2009, 98 = JurBüro 2009, 590; OLG Bamberg, FamRZ 2010, 231.

gelnde Kostenerstattung ggf. die VKH-berechtigte Partei dazu veranlasst wurde, keine Einigung i.S.d. § 48 Abs. 3 RVG protokollieren zu lassen.

Zumindest was den Fall des § 48 Abs. 3 RVG betrifft, wird durch das 2. KostRMoG nunmehr **71** Klarheit erfolgen, dass alle Gebühren mit der Staatskasse abgerechnet werden können.

Weiter unklar werden in Zukunft auch die Fälle bleiben, in denen nicht rechtshängige Ansprüche **72** außerhalb des § 48 Abs. 3 RVG im VKH-Prüfungsverfahren mitverglichen werden.

II. Änderungen des § 48 Abs. 3 RVG durch 2. KostRMoG

Die oben beschriebenen Probleme dürften der Vergangenheit angehören, denn der Gesetzgeber **73** hat eine **Änderung des § 48 Abs. 3 RVG** wie folgt vorgenommen:[40]

„Die Beiordnung in einer Ehesache erstreckt sich im Fall des Abschlusses eines Vertrags im Sinne der Nummer 1000 des Vergütungsverzeichnisses auf alle mit der Herbeiführung der Einigung erforderlichen Tätigkeiten, soweit der Vertrag

1. den gegenseitigen Unterhalt der Ehegatten,

2. den Unterhalt gegenüber den Kindern im Verhältnis der Ehegatten zueinander,

3. die Sorge für die Person der gemeinschaftlichen minderjährigen Kinder,

4. die Regelung des Umgangs mit einem Kind,

5. die Rechtsverhältnisse an der Ehewohnung und den Haushaltsgegenständen oder

6. die Ansprüche aus dem ehelichen Güterrecht

   betrifft. "

Der **Gesetzgeber begründet** die Änderung wie folgt:[41] **74**

„Nach § 48 Absatz 3 RVG erstreckt sich die Beiordnung in einer Ehesache auf den Abschluss eines Vertrags im Sinne der Nummer 1000 des Vergütungsverzeichnisses, der den gegenseitigen Unterhalt der Ehegatten, den Unterhalt gegenüber den Kindern im Verhältnis der Ehegatten zueinander, die Sorge für die Person der gemeinschaftlichen minderjährigen Kinder, die Regelung des Umgangs mit einem Kind, die Rechtsverhältnisse an der Ehewohnung und den Haushaltsgegenständen und die Ansprüche aus dem ehelichen Güterrecht betrifft. In der Rechtsprechung ist umstritten, ob diese Regelung dazu führt, dass nur die Einigungsgebühr aus der Staatskasse zu erstatten ist, oder ob alle durch die Einigung und den Abschluss des Vertrags entstehenden Gebühren, also auch die Differenzverfahrens- und die Differenzterminsgebühr aus der Staatskasse zu erstatten sind (zum Stand der unterschiedlichen Rechtsprechung siehe RVGreport 2010, 445, 447). Mit der nunmehr vorgeschlagenen Neufassung des Absatzes 3 Satz 1 soll klargestellt werden, dass im Falle eines Vertragsabschlusses alle in diesem Zusammenhang anfallenden Gebühren zu erstatten sind. Nur auf diese Weise erhalten Parteien mit geringem Einkommen die gleiche Möglichkeit, ihre Streitigkeiten möglichst umfangreich beizulegen, wie Parteien mit ausreichend hohem Einkommen. "

In **§ 48 Abs. 2 RVG** erfolgte zudem zum 1.8.2013 die Erweiterung der Beiordnungserstreckung **75** bei Berufung, Beschwerde wegen des Hauptgegenstands, Revision oder Rechtsbeschwerde wegen des Hauptgegenstands auf ein entsprechendes Anschlussrechtsmittel. Grund für die Erweiterung der Beiordnungserstreckung ist, dass die Bedürftigkeit der Partei bereits im Rahmen des eigenen Rechtsmittels geprüft wurde und sich eine Prüfung der Erfolgsaussicht der Abwehr des Anschlussrechtsmittels wegen der vorinstanzlichen Erfolgs nach § 119 Abs. 1 S. 2 ZPO verbietet. Die Erweiterung, die sich in § 48 Abs. 2 S. 1 RVG durch das 2. KostRMoG ergibt, betrifft die Be-

---

40 Durch Art. 8 Abs. 1 Nr. 25b, 2. KostRMoG – E v. 14.11.2012, BT-Drucks 17/11471.
41 BT-Drucks 17/11471 v. 14.11.2012 (neu), 2. KostRMoG, Begründung zu Art. 8 Abs. 1 Nr. 25, S. 422 f.

schwerde- und Rechtsbeschwerdeverfahren gegen Hauptsacheentscheidungen, somit insbesondere entsprechende Verfahren in Familiensachen.[42]

Mit der Neufassung des **§ 48 Abs. 3 RVG** wird klargestellt, dass im Falle eines Vertragsabschlusses alle in diesem Zusammenhang anfallenden Gebühren aus der Staatskasse zu erstatten sind.

76   *Beispiel:*

RA R vertritt Mandantin S in einem anhängigen Scheidungsverfahren. Neben der Scheidung wurde der Versorgungsausgleich anhängig (gesetzliche Rentenversicherung). Diesbezüglich wurde VKH bewilligt. RA R legt im Termin eine zwischen den Beteiligten anlässlich einer Besprechung in der Kanzlei des RA R ausgehandelte Scheidungsvereinbarung vor, die vom Gericht lediglich protokolliert wird. Gegenstand der Scheidungsvereinbarung war Unterhalt für die Ehefrau (monatlich: 355,00 €); Unterhalt für das Kind (257,00 €).

Das Sorgerecht wollten beide Beteiligten entsprechend der gesetzlichen Regelung beibehalten. Ein Antrag wurde insofern nicht gestellt. Das Gericht setzte den Streitwert für die Ehesache auf 5.200,00 € fest.

Gegenstandswerte:

Ehesache: 5.200,00 € (festgesetzt)

Versorgungsausgleich: 1.000,00 € (§§ 23 Abs. 1 RVG, 50 FamGKG)

Unterhalt Frau: 4.260,00 € (§§ 23 Abs. 1 S. 1 RVG, 51 Abs. 1 S. 1 FamGKG)

Unterhalt Kind: 3.084,00 € (§§ 23 Abs. 1 S. 1 RVG, 51 Abs. 1 S. 1 FamGKG)

Streitwert: 6.200,00 €/7.344,00 €, § 22 Abs. 1 RVG

1,3 Verfahrensgebühr aus 6.200,00 €	
§ 49 RVG, Nr. 3100 VV RVG	360,10 €
0,8 Verfahrensgebühr aus 7.344,00 €	
§ 49 RVG, Nr. 3102 Nr. 2 VV RVG	229,60 €
Gesamt	589,70 €
§ 15 Abs. 3 RVG: höchstens	
1,3 aus 13.544,00 € =	435,50 €
(Kürzung erforderlich)	
1,2 Terminsgebühr aus 13.544,00 €	402,00 €
§ 49 RVG, Nr. 3104 VV RVG	
(Vorbem. 3 Abs. 3 VV RVG)	
1,5 Einigungsgebühr aus 7.344,00 €	
§ 49 RVG, Nr. 1000 VV RVG	430,50 €
Auslagenpauschale, Nr. 7002 VV RVG	20,00 €
Zwischensumme	1.288,00 €
19 % Umsatzsteuer, Nr. 7008 VV RVG	244,72 €
Summe	**1.532,72 €**

Beiordnung eines „ortsansässigen" Rechtsanwalts?

77   Keinesfalls sollte die Beiordnung „zu den Bedingungen eines ortsansässigen Anwalts" im Beiordnungsbeschluss hingenommen oder auch selbst so beantragt werden. Sowohl in § 76 Abs. 3

---

42 Vgl. dazu §§ 58 ff., 70 ff. FamFG.

FamFG als auch in § 121 Abs. 3 ZPO wird auf den im Gerichtsbezirk niedergelassenen Anwalt abgestellt. Dieser muss also nicht zwangsläufig auch am Gerichtsort niedergelassen sein.

Beispiel: **78**

Dormagen gehört zum Gerichtsbezirk Neuss (Amts- und Familiengericht). Ein Rechtsanwalt mit Sitz in Dormagen kann in einer Familiensache beigeordnet werden, die in Neuss anhängig ist, wenn z.B. der Antragsteller ebenfalls im Gemeindebezirk Dormagen wohnt. Sofern das Familiengericht den Anwalt aus Dormagen zu den Bedingungen eines im Gerichtsbezirk niedergelassenen Anwalts beiordnet, kann dieser Reisekosten von Dormagen nach Neuss geltend machen, da Dormagen in einer anderen Gemeinde als Neuss liegt und Reisekosten in solchen Fällen auch aus der Staatskasse erstattet werden müssen. Beantragt der Anwalt allerdings die Beiordnung unter den Bedingungen eines ortsansässigen Anwalts oder nimmt eine entsprechende einschränkende Beiordnung hin (veraltet!), könnte er seine Reisekosten nicht gegenüber der Staatskasse abrechnen.

■ **RA hat seine Kanzlei im Gerichtsbezirk, nicht aber am Gerichtsort**

▢ Eine einschränkende Beiordnung kommt nicht in Betracht, da § 121 Abs. 3 ZPO lediglich die Beiordnung eines nicht im Gerichtsbezirk niedergelassenen RA verbietet.[43] Sofern das Gericht – was in der Praxis häufig vorkommt – dennoch die einschränkende Beiordnung beschließt, ist Beschwerde nach § 127 Abs. 3 ZPO einzulegen, da ansonsten nach herrschender Auffassung der Anwalt an diese einschränkende Beiordnung gebunden ist.

■ **RA hat seine Kanzlei nicht im Gerichtsbezirk**

▢ In solchen Fällen erfolgt regelmäßig die einschränkende Beiordnung, wenn mit Mehrkosten zu rechnen ist. Es wird davon ausgegangen, dass ein Anwalt, der seine Kanzlei nicht im Gerichtsbezirk hat, mit dem Beiordnungsantrag stillschweigend sein Einverständnis mit der einschränkenden Beiordnung erklärt.[44] Der Antrag sollte deshalb explizit dahingehend lauten, dass eine uneingeschränkte Beiordnung beantragt wird. Zu prüfen ist in solchen Fällen auch, ob die Partei nicht nach § 121 Abs. 4 ZPO Anspruch auf einen Verkehrsanwalt gehabt hätte. Sofern dies der Fall ist, entstehen durch die Beiordnung eines auswärtigen Verfahrensbevollmächtigten in der Regel keine Mehrkosten.[45] Nach richtiger Auffassung von *Schneider* kommt eine einschränkende Beiordnung nur in Betracht wenn die Reisekosten höher sind als die ersparten Verkehrsanwaltskosten.[46] Darüber hinaus regt *Schneider* an, dass der Anwalt darauf achtet, dass nicht die Beiordnung unter der Bedingung „eines ortsansässigen" Rechtsanwalts, sondern unter der Bedingung eines „im Gerichtsbezirk ansässigen" Rechtsanwalts erfolgt, wenn schon eine Einschränkung überhaupt gerechtfertigt ist. Denn dann könnte der Anwalt zumindest die Reisekosten geltend machen, die der höchstmöglichen Entfernung eines noch im Gerichtsbezirk ansässigen Anwalts entstanden wären.[47]

Es wird empfohlen, folgenden **Antrag** zu stellen: **79**

> *„In der Familiensache M ./. M wird beantragt, Verfahrenskostenhilfe für den im Entwurf beigefügten Antrag zu bewilligen sowie die Kanzlei ... zu den Bedingungen eines im Bezirk des Familiengerichts ... niedergelassenen Rechtsanwalts beizuordnen."*

---

43 OLG Brandenburg, FamRZ 2009, 1236; OLG Nürnberg, JurBüro 2008, 261; OLG Oldenburg, AGS 2006, 110.
44 BGH, NJW 2006, 3783 = FamRZ 2007, 37 = Rpfleger 2007, 83; OLG Rostock, JurBüro 2009, 97 = FamRZ 2009, 535.
45 BGH, FamRZ 2004, 1362 = NJW 2004, 2749.
46 *N. Schneider*, Gebühren in Familiensachen, Rn 1291.
47 *N. Schneider*, a.a.O., Rn 1294.

III. Abrechnung bei Beratungshilfe

1. Gesetzliche Änderung zum 1.8.2013 durch das 2. KostRMoG

80   Im Referentenentwurf zum 2. KostRMoG wollte man endlich der gebührenrechtlichen Sonderbehandlung von Familiensachen Rechnung tragen und sah daher hier sowohl bei der Beratungsgebühr als auch bei der Geschäftsgebühr entsprechende Erhöhungen vor, für jede nach § 111 FamFG zu behandelnde Familiensache (im Beratungsbereich je Familiensache zzgl. 10,00 €; im Vertretungsbereich je Familiensache zzgl. 25,00 €; bei Einigung je Familiensache zzgl. 45,00 €). In den Regierungsentwurf des 2. KostRMoG wurden diese beabsichtigten Änderungen jedoch nicht aufgenommen. Es soll auch weiterhin der Rechtsprechung überlassen bleiben, wann eine oder mehrere Angelegenheiten anzunehmen sind, da diese sich zunehmend anwaltsfreundlich entwickelt und zumal das Abstellen auf § 111 FamFG kontraproduktiv sein kann, da hier oft mehrere Gegenstände unter einer Nummer zusammengefasst sind, so z.B. die Kindschaftssachen (Kindesherausgabe, Umgangsrecht, Sorgerecht, etc.) in § 111 Nr. 2 FamFG.

Übersicht über die neuen Gebühren bei Beratungshilfe seit 1.8.2013:

81

VV-Nr.	Gebühr	Betrag
2500	Beratungshilfegebühr	15,00 € (bisher: 10,00 €)
2501	Beratungsgebühr	35,00 € (bisher: 30,00 €
2502	Beratungstätigkeit mit dem Ziel einer außergerichtlichen Einigung mit den Gläubigern über die Schuldenbereinigung auf der Grundlage eines Plans (§ 305 Abs. 1 Nr. 1 InsO)	70,00 € (bisher: 60,00 €)
2503	Geschäftsgebühr	85,00 € (bisher: 70,00 €)
2504	Tätigkeit mit dem Ziel einer außergerichtlichen Einigung mit den Gläubigern über die Schuldenbereinigung auf der Grundlage eines Plans (§ 305 Abs. 1 Nr. 1 InsO) bei Vertretung bis zum fünf Gläubigern	270,00 € (bisher: 224,00 €)
2505	wie 2504 bei sechs bis zehn Gläubigern	405,00 € (bisher: 336,00 €)
2506	wie 2504 bei Vertretung bis zu elf bis 15 Gläubigern	540,00 € (bisher: 448,00 €)
2507	wie 2504 bei mehr als 15 Gläubigern	675,00 € (bisher: 560,00 €)
2508	Einigungs- und Erledigungsgebühr	150,00 € (bisher: 125,00 €)

82   *Hinweis:*

Bei der Beratungshilfegebühr in Höhe von 15,00 € handelt es sich nach wie vor um einen Brutto-Betrag. Damit beträgt die Gebühr netto 12,61 €, die hierauf entfallende Umsatzsteuer 2,39 €. Der Rechtsanwalt ist verpflichtet, die Umsatzsteuer in Höhe von 2,39 € abzuführen, sofern er nicht als Kleinunternehmer nach § 19 UStG tätig wird. Dann kann er lediglich den Nettobetrag abrechnen. Zu beachten ist ferner, dass es sich konkret um eine Gebühr handelt, für die auch eine Rechnung nach § 10 RVG zu erteilen ist. Der Rechtsanwalt kann die Gebühr nach wie vor erlassen. Weitere Auslagen wie z.B. die PT-Pauschale darf er neben dieser Gebühr nicht berechnen. Da auch die Umsatzsteuer als Auslage in Teil 7 VV RVG deklariert ist, es sich aber bei Gebühren um steuerbare Erlöse handelt, ist die Gebühr in Höhe von 15,00 € als Bruttobetrag anzusehen.

2. Rechtsprechung zur Frage der Angelegenheit

Es ist zu begrüßen, dass Gerichte verstärkt davon ausgehen, dass in Familiensachen mehrere Angelegenheiten anzunehmen sind, selbst dann, wenn nur ein Beratungshilfeschein erteilt worden ist. So hat das *OLG Köln* beispielsweise entschieden, dass bei Vorlage nur eines Beratungshilfescheins vier verschiedene gebührenrechtliche Angelegenheiten anzunehmen sind, wenn es um die Beratung/Vertretung von Fragen des Ehegattenunterhalts, Kindesunterhalts, Umgangsrechts und des ehelichen Güterrechts einschließlich Haushalts- und Vermögensauseinandersetzung gehe.[48]   **83**

Auch das *OLG Düsseldorf* nimmt für Scheidung und Scheidungsfolgesachen selbstständige Angelegenheiten an, selbst wenn diese nach § 16 Nr. 4 RVG in späteren gerichtlichen Verfahren im Verbund geltend gemacht werden.[49]

Zu berücksichtigen ist dabei, dass die Entscheidung des *OLG Düsseldorf* noch zum alten Familienrecht erging. Die Entscheidung des *OLG Düsseldorf* muss heute umso mehr denn je gelten, denn nach § 137 FamFG gilt für die Folgesachen Unterhalt, Güterrecht, Ehewohnung und Haushaltsgegenstände sowie Versorgungsausgleich eine Fristenregelung von zwei Wochen (vgl. § 137 Abs. 2 FamFG). Hinzu kommt, dass Sorgerecht, Umgangsrecht und Kindesherausgabe nach § 137 Abs. 3 FamFG dann nicht als Folgesache anhängig gemacht werden können, wenn der Richter dies für gegen die Interessen des Kindeswohls hält. Auch sind die Abtrennungsmöglichkeiten einer Folgesache aus dem Verbund nach § 140 FamFG deutlich vermehrt, so dass es nach dem neuen Familienrecht ohnehin häufiger zu isolierten Verfahren kommt und § 16 Nr. 4 RVG eine Regelung nur für solche Fälle vorsieht, in denen tatsächlich ein Verbundverfahren durchgeführt wird. Eine zwingende Pflicht zur Durchführung des Verbundverfahrens ist jedoch verfahrensrechtlich nicht gegeben. Allein aus Verfahrenskostenhilfegründen könnte sich eine gewisse Verpflichtung in bestimmten Konstellationen zur Geltendmachung im Verbundverfahren ergeben. Auch das *OLG Frankfurt* sieht die verschiedenen Trennungsfolgen wie z.B. Ehegattenunterhalt, Kindesunterhalt, Aufteilung der Haushaltsgegenstände sowie Auflösung der Ehewohnung, im Bereich der Beratungshilfe als verschiedene Angelegenheiten an.[50] Das *OLG München* vertritt ebenfalls die Auffassung, dass dann, wenn in einer familienrechtlichen Angelegenheit Beratungshilfe zur Regelung von mehreren Trennungsfolgen und gleichzeitig für den Fall der Scheidung nebst Folgesachen bewilligt werden, für den die Beratungshilfe leistenden Rechtsanwalt mindestens zwei Angelegenheiten im Sinne des Beratungshilfegesetzes vorliegen.[51] Nach *OLG Rostock* findet § 16 Nr. 4 RVG für die außergerichtliche Beratungshilfe keine Anwendung.[52] Diese Auffassung ist richtig, da sie lediglich für das gerichtliche Verbundverfahren gilt. Das *OLG Rostock* vertritt die Auffassung, dass es für die Frage, ob dieselbe Angelegenheit vorliegt oder nicht, darauf ankommt, ob die Beratung in unterschiedlichen Lebensbereichen bzw. zu unterschiedlichen Lebenssachverhalten erfolgt ist.[53]   **84**

---

48 OLG Köln, RVG-Report 2010, 142 = FamRZ 2009, 1345 = RPfleger 2009, 516.

49 OLG Düsseldorf, JurBüro 2009, 39 = NJW-RR 2009, 430 = FamRZ 2009, 1244 = RPfleger 2009, 90.

50 OLG Frankfurt, FamRZ 2010, 230 = RVG-Report 2010, 143 = FamFR 2010, 65.

51 OLG München, FamRZ 2012, 326 = FamFR 2011, 546 = FamRB 2012, 84.

52 OLG Rostock, FamRZ 2011, 834 = NJW-RR 2011, 871 = RVG-Report 2011, 106.

53 OLG Rostock, FamRZ 2011, 834 = NJW-RR 2011, 871 = RVG-Report 2011, 106.

3. Erhöhung nach Nr. 1008 VV RVG

85   Zu beachten ist, dass die Erhöhung bei Vertretung mehrerer Auftraggeber nach Nr. 1008 VV RVG bei Wertgebühren voraussetzt, dass die Tätigkeit des Anwalts sich auf denselben Gegenstand erstreckt, Abs. 1 der Anmerkung zu Nr. 1008 VV RVG. Diese Einschränkung gilt jedoch nur für Wertgebühren und nicht für Festgebühren. Es ist also möglich, bei Vertretung von Mutter und Kind wegen verschiedener Gegenstände (Ehegattenunterhalt, Kindesunterhalt) die Erhöhung zu berechnen, soweit vom Gericht dieselbe Angelegenheit angenommen wird. Damit würde sich die Festgebühr bei Beratung von 35,00 € um 10,50 € pro weiterem Auftraggeber, max. um 70,00 €, erhöhen und die Geschäftsgebühr für die außergerichtliche Vertretung im Rahmen der Beratungshilfe von 85,00 € um 25,50 € pro weiterem Auftraggeber, max. um 170,00 €.

§ 8   Anlagen

A. Anlage 1 PKH-Formular mit Hinweisen

Bezeichnung, Ort und Geschäftsnummer des Gerichts: 1

Erklärung über die persönlichen und wirtschaftlichen Verhältnisse
bei Prozess- oder Verfahrenskostenhilfe
– Belege sind in Kopie durchnummeriert beizufügen –

A Angaben zu Ihrer Person

Name, Vorname, ggf. Geburtsname	Beruf, Erwerbstätigkeit	Geburtsdatum	Familienstand

Anschrift (Straße, Hausnummer, Postleitzahl, Wohnort)	Tagsüber tel. erreichbar unter Nummer

Sofern vorhanden: Gesetzlicher Vertreter (Name, Vorname, Anschrift, Telefon)

B Rechtsschutzversicherung/Mitgliedschaft

1. Trägt eine Rechtsschutzversicherung oder eine andere Stelle/Person (z. B. Gewerkschaft, Mieterverein, Sozialverband) die Kosten Ihrer Prozess- oder Verfahrensführung?   Beleg Nummer

☐ Nein   ☐ Ja:

In welcher Höhe? Wenn die Kosten in voller Höhe von einer Versicherung oder anderen Stelle/Person getragen werden, ist die Bewilligung von Prozess- oder Verfahrenskostenhilfe nicht möglich und damit die Beantwortung der weiteren Fragen nicht erforderlich.

2. Wenn nein: Besteht eine Rechtsschutzversicherung oder die Mitgliedschaft in einem Verein/einer Organisation (z. B. Gewerkschaft, Mieterverein, Sozialverband), der/die die Kosten der beabsichtigten Prozess- oder Verfahrensführung tragen oder einen Prozessbevollmächtigten stellen könnte?   Beleg Nummer

☐ Nein   ☐ Ja:

Bezeichnung der Versicherung/des Vereins/der Organisation. Klären Sie möglichst vorab, ob die Kosten getragen werden. Bereits vorhandene Belege über eine (Teil-)Ablehnung seitens der Versicherung/des Vereins/der Organisation fügen Sie dem Antrag bei.

C Unterhaltsanspruch gegenüber anderen Personen

Haben Sie Angehörige, die Ihnen gegenüber gesetzlich zur Leistung von Unterhalt verpflichtet sind (auch wenn tatsächlich keine Leistungen erfolgen)? z. B. Mutter, Vater, Ehegatte/Ehegattin, eingetragene(r) Lebenspartner/Lebenspartnerin   Beleg Nummer

☐ Nein   ☐ Ja:

Name des Unterhaltsverpflichteten. Bitte geben Sie auf einem weiteren Exemplar dieses Formulars seine persönlichen und wirtschaftlichen Verhältnisse an, sofern diese nicht bereits vollständig aus den folgenden Abschnitten ersichtlich sind.

D Angehörige, denen Sie Bar- oder Naturalunterhalt gewähren

Name, Vorname, Anschrift (sofern sie von Ihrer Anschrift abweicht)	Geburts-datum	Verhältnis (z. B. Ehe-gatte, Kind, Mutter)	Monatsbetrag in EUR, soweit Sie den Unterhalt nur durch Zahlung gewähren	Haben diese Angehörigen eigene Einnahmen? z. B. Ausbildungsvergütung, Unterhalts-zahlung vom anderen Elternteil usw.	Beleg Nummer
1				☐ Nein ☐ Ja: ____ mtl. EUR netto	
2				☐ Nein ☐ Ja: ____ mtl. EUR netto	
3				☐ Nein ☐ Ja: ____ mtl. EUR netto	
4				☐ Nein ☐ Ja: ____ mtl. EUR netto	
5				☐ Nein ☐ Ja: ____ mtl. EUR netto	

- Allgemeine Fassung -

Wenn Sie laufende Leistungen zum Lebensunterhalt nach dem Zwölften Buch Sozialgesetzbuch (Sozial-hilfe) beziehen und den aktuellen Bescheid einschließlich des Berechnungsbogens vollständig beifügen, müssen Sie die <u>Abschnitte E bis J</u> nicht ausfüllen, es sei denn, das Gericht ordnet dies an.

E Bruttoeinnahmen

Belege (z. B. Lohnbescheinigung, Steuerbescheid, Bewilligungsbescheid mit Berechnungsbogen) müssen in Kopie beigefügt werden

1. Haben Sie Einnahmen aus (bitte die monatlichen Bruttobeträge in EUR angeben)

			Beleg Nummer				Beleg Nummer
Nichtselbständiger Arbeit?	☐ Nein	☐ Ja: *mtl. EUR brutto*		Unterhalt?	☐ Nein	☐ Ja: *mtl. EUR brutto*	
Selbständiger Arbeit/ Gewerbebetrieb/ Land- und Forstwirtschaft?	☐ Nein	☐ Ja: *mtl. EUR brutto*		Rente/Pension?	☐ Nein	☐ Ja: *mtl. EUR brutto*	
Vermietung und Verpachtung?	☐ Nein	☐ Ja: *mtl. EUR brutto*		Arbeitslosengeld?	☐ Nein	☐ Ja: *mtl. EUR brutto*	
Kapitalvermögen?	☐ Nein	☐ Ja: *mtl. EUR brutto*		Arbeitslosengeld II?	☐ Nein	☐ Ja: *mtl. EUR brutto*	
Kindergeld/ Kinderzuschlag?	☐ Nein	☐ Ja: *mtl. EUR brutto*		Krankengeld?	☐ Nein	☐ Ja: *mtl. EUR brutto*	
Wohngeld?	☐ Nein	☐ Ja: *mtl. EUR brutto*		Elterngeld?	☐ Nein	☐ Ja: *mtl. EUR brutto*	

2. Haben Sie andere Einnahmen? auch einmalige oder unregelmäßige

Wenn Ja, bitte Art, Bezugszeitraum und Höhe angeben
z.B. Weihnachts-/Urlaubsgeld jährlich, Steuererstattung jährlich, BAföG mtl.

☐ Nein ☐ Ja   Beleg Nummer

_____ EUR brutto

_____ EUR brutto

3. Hat Ihr Ehegatte/eingetragener Lebenspartner bzw. Ihre Ehegattin/eingetragene Lebenspartnerin Einnahmen aus
(bitte die monatlichen Bruttobeträge in EUR angeben)

			Beleg Nummer				Beleg Nummer
Nichtselbständiger Arbeit?	☐ Nein	☐ Ja: *mtl. EUR brutto*		Unterhalt?	☐ Nein	☐ Ja: *mtl. EUR brutto*	
Selbständiger Arbeit/ Gewerbebetrieb/Land- und Forstwirtschaft?	☐ Nein	☐ Ja: *mtl. EUR brutto*		Rente/Pension?	☐ Nein	☐ Ja: *mtl. EUR brutto*	
Vermietung und Verpachtung?	☐ Nein	☐ Ja: *mtl. EUR brutto*		Arbeitslosengeld?	☐ Nein	☐ Ja: *mtl. EUR brutto*	
Kapitalvermögen?	☐ Nein	☐ Ja: *mtl. EUR brutto*		Arbeitslosengeld II?	☐ Nein	☐ Ja: *mtl. EUR brutto*	
Kindergeld/ Kinderzuschlag?	☐ Nein	☐ Ja: *mtl. EUR brutto*		Krankengeld?	☐ Nein	☐ Ja: *mtl. EUR brutto*	
Wohngeld?	☐ Nein	☐ Ja: *mtl. EUR brutto*		Elterngeld?	☐ Nein	☐ Ja: *mtl. EUR brutto*	

4. Hat Ihr Ehegatte/eingetragener Lebenspartner bzw. Ihre Ehegattin/eingetragene Lebenspartnerin andere Einnahmen? auch einmalige oder unregelmäßige

Wenn Ja, bitte Art, Bezugszeitraum und Höhe angeben
z.B. Weihnachts-/Urlaubsgeld jährlich, Steuererstattung jährlich, BAföG mtl.

☐ Nein ☐ Ja   Beleg Nummer

_____ EUR brutto

_____ EUR brutto

5. Falls zu den Einnahmen alle Fragen verneint werden: Auf welche Umstände ist dies zurückzuführen? Wie bestreiten Sie Ihren Lebensunterhalt? Angaben hierzu sind auf einem gesonderten Blatt beizufügen!

F   Abzüge Art der Abzüge bitte kurz bezeichnen (z. B. Lohnsteuer, Pflichtbeiträge, Lebensversicherung). Belege müssen in Kopie beigefügt werden.

1. Welche Abzüge haben Sie?		Beleg Nummer	2. Welche Abzüge hat Ihr Ehegatte/eing. Lebenspartner bzw. Ihre Ehegattin/eingetragene Lebenspartnerin?		Beleg Nummer
Steuern/Solidaritätszuschlag	EUR mtl.		Steuern/Solidaritätszuschlag	EUR mtl.	
Sozialversicherungsbeiträge	EUR mtl.		Sozialversicherungsbeiträge	EUR mtl.	
Sonstige Versicherungen	EUR mtl.		Sonstige Versicherungen	EUR mtl.	
Fahrt zur Arbeit (Kosten für öffentliche Verkehrsmittel oder einfache Entfernung bei KFZ-Nutzung)	EUR mtl./KM		Fahrt zur Arbeit (Kosten für öffentliche Verkehrsmittel oder einfache Entfernung bei KFZ-Nutzung)	EUR mtl./KM	
Sonstige Werbungskosten/Betriebsausgaben	EUR mtl.		Sonstige Werbungskosten/Betriebsausgaben	EUR mtl.	

G   Bankkonten/Grundeigentum/Kraftfahrzeuge/Bargeld/Vermögenswerte

Verfügen Sie oder Ihr Ehegatte/Ihre Ehegattin bzw. Ihr eingetragener Lebenspartner/Ihre eingetragene Lebenspartnerin allein oder gemeinsam über ...

1. Bank-, Giro-, Sparkonten oder dergleichen? Angaben zu allen Konten sind auch bei fehlendem Guthaben erforderlich.   Beleg Nummer

☐ Nein   ☐ Ja:

Art des Kontos, Kontoinhaber, Kreditinstitut   Kontostand in EUR

2. Grundeigentum? z. B. Grundstück, Haus, Eigentumswohnung, Erbbaurecht   Beleg Nummer

☐ Nein   ☐ Ja:

Größe, Anschrift/Grundbuchbezeichnung, Allein- oder Miteigentum, Zahl der Wohneinheiten   Verkehrswert in EUR

3. Kraftfahrzeuge?   Beleg Nummer

☐ Nein   ☐ Ja:

Marke, Typ, Baujahr, Anschaffungsjahr, Allein- oder Miteigentum, Kilometerstand   Verkehrswert in EUR

4. Bargeld oder Wertgegenstände? z. B. wertvoller Schmuck, Antiquitäten, hochwertige elektronische Geräte   Beleg Nummer

☐ Nein   ☐ Ja:

Bargeldbetrag in EUR, Bezeichnung der Wertgegenstände, Allein- oder Miteigentum   Verkehrswert in EUR

5. Lebens- oder Rentenversicherungen?   Beleg Nummer

☐ Nein   ☐ Ja:

Versicherung, Versicherungsnehmer, Datum des Vertrages/Handelt es sich um eine zusätzliche Altersvorsorge gem. Einkommensteuergesetz, die staatlich gefördert wurde („Riester-Rente")?   Rückkaufswert in EUR

6. sonstige Vermögenswerte? z. B. Bausparverträge, Wertpapiere, Beteiligungen, Forderungen   Beleg Nummer

☐ Nein   ☐ Ja:

Bezeichnung, Allein- oder Miteigentum   Verkehrswert in EUR

95

H Wohnkosten Belege sind in Kopie beizufügen (z. B. Mietvertrag, Heizkostenabrechnung, Kontoauszüge)

Beleg Nummer

1. Gesamtgröße des Wohnraums, den Sie allein oder gemeinsam mit anderen Personen bewohnen: (Angabe in Quadratmeter)

2. Zahl der Zimmer:		3. Anzahl der Personen, die den Wohnraum insgesamt bewohnen:	

4. Nutzen Sie den Raum als Mieter oder in einem ähnlichen Nutzungsverhältnis? Wenn ja, bitte die nachfolgenden Angaben in EUR pro Monat ergänzen ☐ Nein ☐ Ja

Miete ohne Nebenkosten	Heizungskosten	Übrige Nebenkosten	Gesamtbetrag	Ich allein zahle davon

5. Nutzen Sie den Raum als Eigentümer, Miteigentümer oder Erbbauberechtigter? Wenn ja, bitte die nachfolgenden Angaben in EUR pro Monat ergänzen ☐ Nein ☐ Ja

Zinsen und Tilgung	Heizungskosten	Übrige Nebenkosten	Gesamtbetrag	Ich allein zahle davon

6. Genaue Einzelangaben zu der Belastung aus Fremdmitteln bei Nutzung als (Mit-)Eigentümer usw. z. B. Datum des Darlehensvertrages, Darlehensnehmer, Kreditinstitut, Darlehensrate pro Monat, Zahlungen laufen bis ...

Beleg Nummer

	Restschuld in EUR	Zinsen und Tilgung mtl.	
	Restschuld in EUR	Zinsen und Tilgung mtl.	

I Sonstige Zahlungsverpflichtungen Angabe, an wen, wofür, seit wann und bis wann die Zahlungen geleistet werden z. B. Ratenkredit der ... Bank vom ... für ..., Raten laufen bis ... / Belege (z. B. Darlehensvertrag, Zahlungsnachweise) sind in Kopie beizufügen

Beleg Nummer

	Restschuld in EUR	Gesamtbelastung mtl.	Ich allein zahle davon
	Restschuld in EUR	Gesamtbelastung mtl.	Ich allein zahle davon
	Restschuld in EUR	Gesamtbelastung mtl.	Ich allein zahle davon

J Besondere Belastungen Angaben sind zu belegen, z. B. Mehrausgaben für körperbehinderten Angehörigen und Angabe des GdB/Mehrbedarfe gemäß § 21 SGB II und § 30 SGB XII

Beleg Nummer

	Ich allein zahle davon
	Ich allein zahle davon

K Ich versichere hiermit, dass meine Angaben vollständig und wahr sind. Das Hinweisblatt zu diesem Formular habe ich erhalten und gelesen.

Mir ist bekannt, dass unvollständige oder unrichtige Angaben die Aufhebung der Bewilligung von Prozess- oder Verfahrenskostenhilfe und eine Strafverfolgung nach sich ziehen können. Das Gericht kann mich auffordern, fehlende Belege nachzureichen und meine Angaben an Eides statt zu versichern.

Mir ist auch bekannt, dass ich während des Gerichtsverfahrens und innerhalb eines Zeitraums von vier Jahren seit der rechtskräftigen Entscheidung oder der sonstigen Beendigung des Verfahrens verpflichtet bin, dem Gericht wesentliche Verbesserungen meiner wirtschaftlichen Lage oder eine Änderung meiner Anschrift unaufgefordert und unverzüglich mitzuteilen. Bei laufenden Einkünften ist jede nicht nur einmalige Verbesserung von mehr als 100 Euro (brutto) im Monat mitzuteilen. Reduzieren sich geltend gemachte Abzüge, muss ich dies ebenfalls unaufgefordert und unverzüglich mitteilen, wenn die Entlastung nicht nur einmalig 100 Euro im Monat übersteigt. Ich weiß, dass die Bewilligung der Prozess- oder Verfahrenskostenhilfe bei einem Verstoß gegen diese Pflicht aufgehoben werden kann, und ich dann die gesamten Kosten nachzahlen muss.

Anzahl der beigefügten Belege:

	Aufgenommen:
Ort, Datum	Unterschrift der Partei oder Person, die sie gesetzlich vertritt	Unterschrift/Amtsbezeichnung

Hinweisblatt
zum Formular für die Erklärung
über die persönlichen und wirtschaftlichen Verhältnisse
bei Prozess- oder Verfahrenskostenhilfe

– Bitte bewahren Sie dieses Hinweisblatt und eine Kopie des ausgefüllten Formulars bei Ihren Unterlagen auf –

Allgemeine Hinweise

Wozu Prozess- oder Verfahrenskostenhilfe?

Wenn Sie eine Klage erheben oder einen Antrag bei Gericht stellen wollen, müssen Sie in der Regel Gerichtskosten zahlen. Schreibt das Gesetz eine anwaltliche Vertretung vor oder ist aus anderen Gründen eine anwaltliche Vertretung notwendig, kommen die Kosten hierfür hinzu. Entsprechende Kosten entstehen Ihnen auch dann, wenn Sie sich in einem Gerichtsverfahren verteidigen.

Die Prozess- oder Verfahrenskostenhilfe soll Ihnen die Verfolgung oder Verteidigung Ihrer Rechte ermöglichen, wenn Sie diese Kosten nicht oder nur teilweise aufbringen können. Sie kann auch dann bewilligt werden, wenn Sie zur Durchsetzung eines Anspruchs die Zwangsvollstreckung betreiben müssen.

Wer erhält Prozess- oder Verfahrenskostenhilfe?

Dazu schreibt das Gesetz für die Prozesskostenhilfe vor:

„Eine Partei, die nach ihren persönlichen und wirtschaftlichen Verhältnissen die Kosten der Prozessführung nicht, nur zum Teil oder nur in Raten aufbringen kann, erhält auf Antrag Prozesskostenhilfe, wenn die beabsichtigte Rechtsverfolgung oder Rechtsverteidigung hinreichende Aussicht auf Erfolg bietet und nicht mutwillig erscheint.

Mutwillig ist die Rechtsverfolgung oder Rechtsverteidigung, wenn eine Partei, die keine Prozesskostenhilfe beansprucht, bei verständiger Würdigung aller Umstände von der Rechtsverfolgung oder Rechtsverteidigung absehen würde, obwohl eine hinreichende Aussicht auf Erfolg besteht."

Dies gilt auch für die Verfahrenskostenhilfe. Einen Anspruch haben Sie also dann, wenn Sie

- einen Prozess oder ein Verfahren führen müssen und die dafür erforderlichen Kosten nicht oder nur teilweise aufbringen können **und**
- nach Einschätzung des Gerichts nicht nur geringe Aussichten auf Erfolg haben **und**
- nicht von der Prozess- oder Verfahrensführung absehen würden, wenn Sie die Kosten selbst tragen müssten.

Ein Anspruch auf Prozess- oder Verfahrenskostenhilfe besteht allerdings **nicht,** wenn eine **Rechtsschutzversicherung** oder eine **andere Stelle** die Kosten übernehmen würde. Sie wird auch dann nicht gewährt, wenn aufgrund einer gesetzlichen Unterhaltspflicht jemand anderes für die Kosten aufkommen muss (Prozess- oder Verfahrenskostenvorschuss). Das können der Ehegatte/eingetragene Lebenspartner bzw. die Ehegattin/eingetragene Lebenspartnerin oder bei einem unverheirateten Kind die Eltern oder ein Elternteil sein.

Was ist Prozess- oder Verfahrenskostenhilfe?

Prozess- oder Verfahrenskostenhilfe ist eine staatliche Fürsorgeleistung im Bereich der Rechtspflege. Wenn Sie Prozess- oder Verfahrenskostenhilfe erhalten, müssen Sie für die Gerichtskosten und die Kosten der eigenen anwaltlichen Vertretung je nach Ihren persönlichen und wirtschaftlichen Verhältnissen keine Zahlungen oder nur Teilzahlungen leisten. Aus Ihrem Einkommen müssen Sie gegebenenfalls bis höchstens 48 Monatsraten zahlen. Die Höhe dieser Monatsraten ist gesetzlich festgelegt.

Die Kosten Ihrer anwaltlichen Vertretung werden dann übernommen, wenn das Gericht Ihnen einen Rechtsanwalt, eine Rechtsanwältin oder eine andere beiordnungsfähige Person beiordnet. Dies muss besonders beantragt werden. Der Rechtsanwalt oder die Rechtsanwältin muss grundsätzlich in dem Bezirk des Gerichts niedergelassen sein. Andernfalls kann das Gericht dem Beiordnungsantrag nur entsprechen, wenn weitere Kosten nicht entstehen.

Verbessern sich Ihre Verhältnisse wesentlich, können Sie auch nachträglich bis zum Ablauf von vier Jahren seit der rechtskräftigen Entscheidung oder der sonstigen Beendigung des Verfahrens zu Zahlungen herangezogen werden. Verschlechtern sich Ihre Verhältnisse, ist auch eine Verringerung von festgesetzten Raten möglich.

- Allgemeine Fassung –

<u>Wichtig:</u>
Sie sind während des Gerichtsverfahrens und innerhalb eines Zeitraums von vier Jahren seit der rechtskräftigen Entscheidung oder der sonstigen Beendigung des Verfahrens verpflichtet, dem Gericht jede wesentliche Verbesserungen Ihrer wirtschaftlichen Verhältnisse oder eine Änderung Ihrer Anschrift unaufgefordert und unverzüglich mitzuteilen. Bei laufenden Einkünften ist jede nicht nur einmalige Verbesserung von mehr als 100 Euro (brutto) im Monat mitzuteilen. Reduzieren sich geltend gemachte Abzüge (Wohnkosten, Unterhalt, Zahlungsverpflichtungen oder besondere Belastungen) oder fallen diese ganz weg, so müssen Sie dies ebenfalls von sich aus mitteilen, wenn die Entlastung nur einmalig 100 Euro im Monat übersteigt. Eine wesentliche Verbesserung der wirtschaftlichen Verhältnisse kann auch dadurch eintreten, dass Sie durch die Rechtsverfolgung oder -verteidigung etwas erlangen. Auch dies müssen Sie dem Gericht mitteilen. Verstoßen Sie gegen diese Pflichten, kann die Bewilligung nachträglich aufgehoben werden, und Sie müssen die Kosten nachzahlen.

Welche Risiken sind zu beachten?

Wenn Sie ein Gerichtsverfahren führen müssen, sollten Sie sich zunächst möglichst genau über die Höhe der zu erwartenden Gerichts- **und** Anwaltskosten informieren. Dies gilt auch bei Prozess- oder Verfahrenskostenhilfe. **Sie schließt nicht jedes Kostenrisiko aus.**

Insbesondere erstreckt sie sich nicht auf die Kosten, die die Gegenseite zum Beispiel für ihre anwaltliche Vertretung aufwendet. **Verlieren Sie das Gerichtsverfahren, so müssen Sie der Gegenseite diese Kosten in der Regel auch dann erstatten, wenn Ihnen Prozess- oder Verfahrenskostenhilfe bewilligt worden ist.** Eine Ausnahme gilt in der Arbeitsgerichtsbarkeit: Hier muss man **in der ersten Instanz** die Kosten der gegnerischen Prozessvertretung auch dann nicht erstatten, wenn man unterliegt.

Schon für eine anwaltliche Vertretung im Verfahren über die Prozess- oder Verfahrenskostenhilfe entstehen Kosten. Diese müssen Sie begleichen, wenn Ihrem Antrag nicht entsprochen wird. Das Gleiche gilt für bereits entstandene und noch entstehende Gerichtskosten.

Wie erhält man Prozess- oder Verfahrenskostenhilfe?

Erforderlich ist ein **Antrag**. In dem Antrag müssen Sie das Streitverhältnis ausführlich und vollständig darstellen. Aus dem Antrag muss sich für das Gericht die vom Gesetz geforderte „hinreichende Aussicht auf Erfolg" (siehe oben) schlüssig ergeben. Die **Beweismittel** sind anzugeben. Zu diesen Fragen sollten Sie sich, wenn nötig, anwaltlich beraten lassen. Lassen Sie sich dabei auch über das **Beratungshilfegesetz** informieren, nach dem Personen mit geringem Einkommen und Vermögen eine kostenfreie oder wesentlich verbilligte Rechtsberatung und außergerichtliche Vertretung beanspruchen können.

Dem Antrag müssen Sie außerdem eine **Erklärung über Ihre persönlichen und wirtschaftlichen Verhältnisse** (Familienverhältnisse, Beruf, Vermögen, Einkommen und Lasten) sowie entsprechende **Belege in Kopie** beifügen. **Für diese Erklärung müssen Sie das vorliegende Formular benutzen.** Prozess- oder Verfahrenskostenhilfe kann grundsätzlich nur für die Zeit nach Vorlage des vollständigen Antrags einschließlich dieser Erklärung und aller notwendigen Belege bewilligt werden. Das Formular ist von jeder Antragstellerin bzw. jedem Antragsteller gesondert auszufüllen. Bei Minderjährigen sind deren persönliche und wirtschaftliche Verhältnisse sowie die der unterhaltsverpflichteten Personen auf weiteren Exemplaren des Formulars anzugeben.

Das Gericht entscheidet, ob Ihnen Prozess- oder Verfahrenskostenhilfe bewilligt wird. Da die Mittel für Prozess- oder Verfahrenskostenhilfe von der Allgemeinheit durch Steuern aufgebracht werden, muss es prüfen, ob Sie einen Anspruch auf Prozess- oder Verfahrenskostenhilfe haben. Das Formular soll diese Prüfung erleichtern. Haben Sie daher bitte Verständnis dafür, dass Sie Ihre persönlichen und wirtschaftlichen Verhältnisse darlegen müssen.

Lesen Sie das Formular sorgfältig durch und füllen Sie es gewissenhaft aus.

Die Ausfüllhinweise zum Formular finden Sie im Folgenden. Wenn Sie beim Ausfüllen Schwierigkeiten haben, können Sie anwaltliche Hilfe in Anspruch nehmen oder sich an das Gericht wenden. Sollte der Raum im Formular nicht ausreichen, können Sie die Angaben auf einem Extrablatt machen. Bitte weisen Sie in dem betreffenden Feld auf das beigefügte Blatt hin.

<u>Wichtig:</u>
Das Gericht kann Sie auffordern, fehlende Belege nachzureichen und Ihre Angaben an Eides statt zu versichern. Wenn Sie angeforderte Belege nicht nachreichen, kann dies dazu führen, dass Ihr Antrag auf Bewilligung von Prozess- oder Verfahrenskostenhilfe zurückgewiesen wird.

Wenn Sie unvollständige oder unrichtige Angaben machen, kann dies auch dazu führen, dass schon bewilligte Prozess- oder Verfahrenskostenhilfe wieder aufgehoben wird und Sie die angefallenen Kosten nachzahlen müssen. Dies droht Ihnen auch dann, wenn Sie während des Gerichtsverfahrens und innerhalb eines Zeitraums von vier Jahren seit der rechtskräftigen Entscheidung oder der sonstigen Beendigung des Verfahrens dem Gericht wesentliche Verbesserungen Ihrer wirtschaftlichen Lage oder eine Änderung Ihrer Anschrift nicht unaufgefordert und unverzüglich mitteilen. Wenn Sie bewusst unrichtige oder unvollständige Angaben machen, kann dies auch als Straftat verfolgt werden.

Ausfüllhinweise

Füllen Sie das Formular bitte in **allen Teilen vollständig** aus. Wenn Fragen zu **verneinen** sind, kreuzen Sie bitte das dafür vorgesehene Kästchen an. Bitte fügen Sie die **notwendigen Belege in Kopie** nach dem jeweils neuesten Stand bei, nummerieren Sie sie und tragen Sie die Nummer in dem dafür vorgesehenen Kästchen am Rand jeweils ein.

A Bitte bezeichnen Sie die **Erwerbstätigkeit,** aus der Sie Einnahmen (Abschnitt E des Formulars) beziehen.

B Sollten Sie eine **Rechtsschutzversicherung** haben, müssen Sie sich zunächst an die Versicherung wenden. **Fügen Sie bitte in jedem Fall den Versicherungsschein in Kopie bei.** Falls Ihre Versicherung die Übernahme der Kosten bereits abgelehnt hat, fügen Sie bitte auch den Ablehnungsbescheid in Kopie bei. Sind Sie Mitglied einer Organisation, die Mitgliedern üblicherweise für Rechtsstreitigkeiten wie den Ihrigen Rechtsschutz gewährt (z. B. **Gewerkschaft, Mieterverein oder Sozialverbände**), müssen Sie sich ebenfalls vorrangig an diese Organisation wenden. Die Bewilligung von Prozess- oder Verfahrenskostenhilfe kommt regelmäßig erst in Betracht, wenn die Organisation Ihnen gegenüber die Gewährung von Rechtsschutz abgelehnt hat. Wenn Sie das Formular nach erfolgter Bewilligung von Prozess- oder Verfahrenskostenhilfe zum Zweck der Überprüfung Ihrer persönlichen und wirtschaftlichen Verhältnisse ausfüllen müssen, brauchen Sie hier keine Angaben mehr zu machen.

C **Gesetzliche Unterhaltspflichten** bestehen grundsätzlich zwischen Verwandten in gerader Linie (also etwa für Eltern gegenüber ihren Kindern und umgekehrt), zwischen Ehegatten, zwischen eingetragenen Lebenspartnern oder Lebenspartnerinnen sowie zwischen der nicht verheirateten Mutter und dem Kindesvater nach der Geburt eines Kindes. Ein Unterhaltsanspruch setzt weiter voraus, dass

- der Unterhaltsberechtigte außerstande ist, sich selbst zu unterhalten, und
- der Unterhaltsverpflichtete unter Berücksichtigung seiner sonstigen Verpflichtungen wirtschaftlich in der Lage ist, Unterhalt zu leisten.

Auch volljährige Kinder haben hiernach in der Regel einen gesetzlichen Unterhaltsanspruch gegen die Eltern, solange sie sich noch in der **Schul- oder Berufsausbildung** bzw. im Studium befinden. Das Gericht benötigt **zusätzlich Angaben** über die persönlichen und wirtschaftlichen Verhältnisse der unterhaltsverpflichteten Personen. Für (auch getrennt lebende) Ehegatten/Ehegattinnen und eingetragene Lebenspartner/Lebenspartnerinnen können die Angaben in den Abschnitten E bis J dieses Formulars gemacht werden. In den übrigen Fällen bitte ein **weiteres Exemplar** dieses Formulars verwenden, wobei dann nur die Abschnitte A und D bis J auszufüllen sind. Falls die unterhaltsverpflichtete Person die Mitwirkung ablehnt, geben Sie bitte den Grund der Weigerung sowie das an, was Ihnen über deren persönliche und wirtschaftliche Verhältnisse bekannt ist.

D Wenn Sie **Angehörigen** Unterhalt gewähren, wird dies bei der Bewilligung der Prozess- oder Verfahrenskostenhilfe berücksichtigt. Deshalb liegt es in Ihrem Interesse, wenn Sie angeben, welchen Personen Sie Unterhalt leisten, egal ob Sie den Unterhalt ausschließlich durch Geldzahlungen erbringen und ob die Personen eigene Einnahmen haben. Zu den eigenen Einnahmen einer Person, der Sie Unterhalt gewähren, gehören auch Unterhaltszahlungen eines Dritten, insbesondere diejenigen des anderen Elternteils, die das gemeinsame Kind, oder eine Ausbildungsvergütung, die ein unterhaltsberechtigtes Kind bezieht. **Den Angaben müssen Sie die notwendigen Belege in Kopie beifügen (z. B. Unterhaltstitel, Zahlungsnachweise).**

E Einnahmen aus **nichtselbständiger Arbeit** sind insbesondere Lohn oder Gehalt. Anzugeben sind die Bruttoeinnahmen des letzten Monats vor der Antragstellung. Urlaubs- oder Weihnachtsgeld und andere einmalige oder unregelmäßige Einnahmen bitte gesondert unter "Andere Einnahmen" angeben. In Kopie beizufügen sind:

1. **Lohn- oder Gehaltsabrechnungen der Arbeitsstelle für die letzten zwölf Monate vor der Antragstellung;**

2. falls vorhanden, der **letzte Bescheid des Finanzamts über die Einkommensteuer,** sonst die elektronische **Lohnsteuerbescheinigung, aus der die Brutto- und Nettobezüge des Vorjahres ersichtlich sind.**

Einnahmen aus **selbständiger Arbeit, Gewerbebetrieb oder Land- und Forstwirtschaft** sind mit einem aktuellen Monatsbetrag anzugeben. Das Gleiche gilt für die Eintragung der entsprechenden **Betriebsausgaben** als Abzüge unter Abschnitt F. Stellen Sie die Monatsbeträge bitte auf einem Extrablatt anhand eines Zwischenabschlusses mit dem sich ergebenden Reingewinn dar. Saisonale oder sonstige Schwankungen im Betriebsergebnis sind durch angemessene Zu- oder Abschläge zu berücksichtigen. In das Formular setzen Sie bitte die Monatsbeträge der Einnahmen und der Betriebsausgaben ein, die Sie daraus zeitanteilig errechnet haben. Falls das Gericht dies anfordert, müssen Sie die Betriebseinnahmen mit den entsprechenden Umsatzsteuervoranmeldungen und die Betriebsausgaben mit den angefallenen Belegen nachweisen. **Der letzte Jahresabschluss und der letzte Steuerbescheid, aus dem sich die erzielten Einkünfte ergeben, sind in Kopie beizufügen.**

Wenn Sie Einnahmen aus **Vermietung und Verpachtung** sowie aus **Kapitalvermögen** (z. B. Sparzinsen, Dividenden) haben, tragen Sie bitte ein Zwölftel der voraussichtlichen Jahreseinnahmen ein.

Wenn Sie **Unterhaltszahlungen** für sich und Kinder beziehen, ist bei Ihrer Angabe nur der für Ihren Unterhalt bestimmte Betrag einzutragen. Die für die Kinder bestimmten Beträge geben Sie bitte in der vorletzten Spalte des Abschnitts D an. Die Frage nach dem Bezug von Unterhalt ist auch dann zu bejahen, wenn Ihnen die Leistungen nicht als Unterhaltsrente, sondern als **Naturalleistung** (z. B. freie Wohnung, Verpflegung, sonstige Versorgung im elterlichen Haushalt; Leistungen des Partners bzw. der Partnerin einer eheähnlichen Lebensgemeinschaft) gewährt werden. Der geschätzte Wert dieser Leistungen ist unter Abschnitt E einzutragen.

Bezüglich **der Einnahmen aus** Renten, Arbeitslosengeld, Arbeitslosengeld II, Krankengeld, Elterngeld, Ausbildungsförderung oder anderen Sozialleistungen sind der **letzte Bewilligungsbescheid und die Unterlagen, aus denen sich die derzeitige Höhe der Leistungen ergibt, in Kopie beizufügen.**

Anzugeben mit ihrem Geldwert sind hier ferner alle sonstigen, in den vorhergehenden Zeilen des Formulars nicht erfassten **Einnahmen,** auch Naturalleistungen (z. B. Deputate, freie Verpflegung und sonstige Sachbezüge; freie Wohnung jedoch nur, wenn sie unter Abschnitt H Wohnkosten angegeben werden).

F   Als **Abzüge** können Sie geltend machen:

1. die auf das Einkommen entrichteten **Steuern** (auch Kirchensteuer, Gewerbesteuer, <u>nicht</u> jedoch Umsatzsteuer) und den Solidaritätszuschlag;

2. Pflichtbeiträge zur **Sozialversicherung** (z. B. Renten-, Kranken-, Arbeitslosen-, Pflegeversicherung);

3. Beiträge zu **öffentlichen oder privaten Versicherungen oder ähnlichen Einrichtungen,** aber nur bis zu der Höhe, in der diese gesetzlich vorgeschrieben sind. Falls die Versicherung nicht gesetzlich vorgeschrieben ist, können Beiträge nur bis zu der Höhe abgesetzt werden, in der die Versicherung nach Art und Umfang angemessen ist. Bitte erläutern Sie Art und Umfang der Versicherung auf einem Extrablatt, falls dies nicht eindeutig aus den in Kopie beizufügenden Belegen (z. B. Versicherungsschein, Beitragsrechnung) hervorgeht;

4. **Fahrt- und sonstige Werbungskosten,** d. h. die notwendigen Aufwendungen zur Erwerbung, Sicherung und Erhaltung der Einnahmen (z. B. auch Berufskleidung, Gewerkschaftsbeitrag). Wenn Sie Kosten der Fahrt zur Arbeit geltend machen, ist die einfache Entfernung in Kilometern anzugeben, bei Benutzung eines Pkw auch der Grund, warum kein öffentliches Verkehrsmittel benutzt wird. Bei Einnahmen aus selbständiger Arbeit hier bitte die Betriebsausgaben angeben.

Die allgemeinen Lebenshaltungskosten (z. B. Lebensmittel, Kleidung, Telefon oder Strom, soweit er nicht zum Heizen benötigt wird) berücksichtigt das Gericht von sich aus in Höhe der gesetzlich festgelegten Freibeträge.

G   Hier sind **alle Bankkonten, Grundeigentum, Kraftfahrzeuge, Bargeldbeträge, Lebensversicherungen, private Rentenversicherungen und sonstigen Vermögenswerte** (auch im Ausland angelegte) anzugeben, die Ihnen, Ihrem Ehegatten/eingetragenen Lebenspartner bzw. Ihrer Ehegattin/ eingetragenen Lebenspartnerin jeweils allein oder gemeinsam gehören. Sollten eine oder mehrere Personen Miteigentümer sein, bitte den Anteil bezeichnen, der Ihnen, Ihrem Ehegatten/eingetragenen Lebenspartner oder Ihrer Ehegattin/eingetragenen Lebenspartnerin gehört. Geeignete Belege sind in Kopie beizufügen. Darüber hinaus kann das Gericht aus begründetem Anlass weitere Belege (zum Beispiel Kontoauszüge für einen längeren, zurückliegenden Zeitraum) anfordern.

Prozess- oder Verfahrenskostenhilfe kann Ihnen auch dann bewilligt werden, wenn zwar Vermögenswerte vorhanden sind, diese aber zur Sicherung einer angemessenen Lebensgrundlage oder einer angemessenen Vorsorge dienen. Derartige Vermögenswerte sind zum Beispiel

- ein selbst genutztes angemessenes Hausgrundstück,

- Kapital, das der zusätzlichen Altersvorsorge im Sinne des Einkommensteuergesetzes dient und dessen Ansammlung staatlich gefördert wurde („Riester-Rente")

- ein angemessenes Kraftfahrzeug, wenn dieses für die Berufsausbildung oder die Berufsausübung benötigt wird,

- kleinere Barbeträge oder Geldwerte (Stand Januar 2014: Beträge bis insgesamt 2600 Euro für die hilfebedürftige Partei zuzüglich 256 Euro für jede Person, die von ihr überwiegend unterhalten wird).

Diese Vermögenswerte müssen Sie aber trotzdem angeben!

Hausrat, Kleidung und Gegenstände, die für die Berufsausbildung oder die Berufsausübung benötigt werden, müssen nur dann angegeben werden, wenn sie den Rahmen des Üblichen übersteigen oder wenn es sich um Gegenstände von höherem Wert handelt.

Ist bebautes **Grundvermögen** vorhanden, geben Sie bitte auch die jeweilige Gesamtfläche an, die für Wohnzwecke bzw. einen gewerblichen Zweck genutzt wird, nicht nur die von Ihnen und Ihren Angehörigen (oben Abschnitt D) genutzte Fläche.

Bei **Grundvermögen ist** der Verkehrswert (nicht Einheits- oder Brandversicherungswert) anzugeben, bei **Bauspar-, Bank-, Giro-, Sparkonten** und dergleichen der derzeitige Kontostand, bei **Wertpapieren die Anzahl, die Wertpapierkennnummer sowie** der derzeitige Kurswert und bei einer **Lebensversicherung** der Rückkaufswert. Entsprechende Belege (z. B. Bescheinigungen von Banken oder Versicherungen) sind in Kopie beizufügen.

Unter „**Sonstige Vermögenswerte**" fallen außerdem Forderungen, in Scheidungsverfahren insbesondere auch der Anspruch aus Zugewinnausgleich.

Sollte der Einsatz oder die Verwertung eines Vermögensgegenstandes für Sie und Ihre Familie eine besondere Härte bedeuten, erläutern Sie dies bitte auf einem Extrablatt.

H   Wenn **Wohnkosten** geltend gemacht werden, geben Sie bitte die Wohnfläche, die Zahl der Zimmer und die Gesamtzahl der Personen, die den Wohnraum bewohnen, an. Die Kosten bitte wie im Formular vorgesehen aufschlüsseln.

Mietnebenkosten sind – außer den gesondert anzugebenden **Heizungskosten** – die auf die Mieter umgelegten **Betriebskosten** (z. B. Grundsteuer, Wasserversorgung, Entwässerung, Straßenreinigung, Müllbeseitigung, Schornsteinfeger, Aufzug, Allgemeinstrom, Hausreinigung, Gemeinschaftsantenne usw.). Nicht hierzu gehören jedoch Gas- oder Stromkosten für die eigene Wohnung (soweit es sich nicht um Heizkosten handelt), Telefon oder GEZ.

Zu der Belastung aus Fremdmitteln bei **Wohneigentum** gehören insbesondere die Raten für Darlehen, die für den Bau, den Kauf oder die Erhaltung aufgenommen worden sind. **Nebenkosten** sind auch hier außer den gesondert anzugebenden Heizungskosten die Betriebskosten.

Sollten Sie sich den Wohnraum mit einer anderen Person als einem unterhaltsberechtigten Angehörigen (oben Abschnitt D) teilen, tragen Sie bitte nur die auf Sie entfallenden anteiligen Beträge ein. **Die notwendigen Belege (z. B. Mietvertrag, Darlehensurkunden, Nebenkostenabrechnung) müssen in Kopie beigefügt werden.**

I   Sie müssen die notwendigen Belege für die monatlichen Zahlungen und die derzeitige Höhe der Restschuld auch dann in Kopie beifügen, wenn Sie die Zahlungsverpflichtung eingegangen sind, um einen unter Abschnitt G anzugebenden Vermögensgegenstand anzuschaffen.

J   Wenn Sie eine **besondere Belastung** geltend machen, geben Sie bitte den Monatsbetrag oder die anteiligen Monatsbeträge an, die von Ihren Einnahmen oder denen Ihres Ehegatten/eingetragenen Lebenspartners oder Ihrer Ehegattin/eingetragenen Lebenspartnerin abgesetzt werden sollen. Bitte fügen Sie außer den Belegen auf einem Extrablatt eine Erläuterung bei. Eine Unterhaltsbelastung Ihres Ehegatten/eingetragenen Lebenspartners bzw. Ihrer Ehegattin/eingetragenen Lebenspartnerin aus einer früheren Ehe oder Partnerschaft kann hier angegeben werden. Wenn Sie sich in einer besonderen Lebenssituation befinden und daher die Voraussetzungen für die Gewährung von Mehrbedarfen gemäß § 21 SGB II oder § 30 SGB XII vorliegen, werden diese ebenfalls als Abzug anerkannt. Beispiele hierfür sind:
- Werdende Mütter nach der 12. Schwangerschaftswoche
- Personen, die mit einem oder mehreren minderjährigen Kindern zusammenleben und allein für deren Pflege und Erziehung sorgen
- Behinderte Personen, denen bestimmte Leistungen gemäß SGB XII zuerkannt werden
- Personen, die medizinisch bedingt einer kostenaufwändigen Ernährung bedürfen

K   Die Erklärung ist auch bei anwaltlicher Vertretung von der Partei selbst in der letzten Zeile zu unterschreiben. Bei gesetzlicher Vertretung muss der gesetzliche Vertreter unterschreiben.

B.   Anlage 2 Beratungshilfeformulare mit Hinweisen

2   Anlage 1

An das

Amtsgericht ....

....
Postleitzahl, Ort

┌─────────────────────────────────────┐
│ .... │
│ Geschäftsnummer des Amtsgerichts   │
│   │
│ Diese Felder sind nicht vom Antragsteller auszufüllen. │
│   │
│ Eingangsstempel des Amtsgerichts: │
│   │
│   │
└─────────────────────────────────────┘

Antrag auf Bewilligung von Beratungshilfe

Antragsteller (Name, Vorname, ggf. Geburtsname)	Beruf, Erwerbstätigkeit	Geburtsdatum	Familienstand
Anschrift (Straße, Hausnummer, Postleitzahl, Wohnort)		Tagsüber telefonisch erreichbar unter Nummer	

A	Ich beantrage Beratungshilfe in folgender Angelegenheit (bitte Sachverhalt kurz erläutern):

B	☐ In der vorliegenden Angelegenheit tritt keine Rechtsschutzversicherung ein. ☐ In dieser Angelegenheit besteht für mich nach meiner Kenntnis keine andere Möglichkeit, kostenlose Beratung und Vertretung in Anspruch zu nehmen. ☐ In dieser Angelegenheit ist mir bisher Beratungshilfe weder bewilligt noch versagt worden. ☐ In dieser Angelegenheit wird oder wurde von mir bisher kein gerichtliches Verfahren geführt. **Wichtig: Wenn Sie nicht alle diese Kästchen ankreuzen können, kann Beratungshilfe nicht bewilligt werden. Eine Beantwortung der weiteren Fragen ist dann <u>nicht</u> erforderlich.**

Wenn Sie laufende Leistungen zum Lebensunterhalt nach dem Zwölften Buch Sozialgesetzbuch ("Sozialhilfe") beziehen und den derzeit gültigen Bescheid einschließlich des Berechnungsbogens des Sozialamtes beifügen, müssen Sie keine Angaben zu den Feldern C bis G machen, es sei denn, das Gericht ordnet dies ganz oder teilweise an. Wenn Sie dagegen Leistungen nach dem Zweiten Buch Sozialgesetzbuch ("Arbeitslosengeld II") beziehen, müssen Sie die Felder ausfüllen.

C	Ich habe monatliche Einkünfte in Höhe von brutto ....EUR, netto .... EUR. ☐ Mein Ehegatte/meine Ehegattin bzw. mein eingetragener Lebenspartner/meine eingetragene Lebenspartnerin hat monatliche Einkünfte von netto ....EUR.

D	Meine Wohnung hat eine Größe von .... m². Die Wohnkosten betragen monatlich insgesamt ....EUR. Ich zahle davon .... EUR. Ich bewohne diese Wohnung ☐ allein / ☐ mit .... weiteren Person(en).

E	Welchen Angehörigen gewähren Sie Unterhalt? Unterhalt kann in Form von Geldzahlungen, aber auch durch Gewährung von Unterkunft, Verpflegung etc. erfolgen. Bitte nennen Sie hier Name, Vorname dieser Angehörigen (Anschrift nur, wenn sie von Ihrer Anschrift abweicht)	Geburts-datum	Familienverhältnis des Angehörigen zu Ihnen (z. B. Ehegatte, Kind)	Wenn Sie den Unterhalt ausschließlich durch Zahlung leisten Ich zahle mtl. EUR:	Hat dieser Angehörige eigene Einnahmen? (z. B. Ausbildungsvergütung, Unterhaltszahlung vom anderen Elternteil)	
1					nein ☐	ja, mtl. EUR netto:
2					nein ☐	ja, mtl. EUR netto:
3					nein ☐	ja, mtl. EUR netto:
4					nein ☐	ja, mtl. EUR netto:

F Bankkonten/Grundeigentum/Kraftfahrzeuge/Bargeld/Vermögenswerte

Bitte geben Sie unter „Eigentümer/Inhaber" an, wem dieser Gegenstand gehört: A = mir allein, B = meinem Ehegatten/eingetragenen Lebenspartner allein bzw. meiner Ehegattin/meiner eingetragenen Lebenspartnerin allein, C = meinem Ehegatten/eingetragenen Lebenspartner bzw. meiner Ehegattin/eingetragenen Lebenspartnerin und mir gemeinsam

Giro-, Sparkonten und andere Bankkonten, Bausparkonten, Wertpapiere ☐ Nein ☐ Ja	Inhaber: ☐ A ☐ B ☐ C	Bezeichnung der Bank, Sparkasse/des sonstigen Kreditinstituts; bei Bausparkonten Auszahlungstermin und Verwendungszweck:	Kontostand in EUR:
Grundeigentum (zum Beispiel Grundstück, Familienheim, Wohnungseigentum, Erbbaurecht) ☐ Nein ☐ Ja	Eigentümer: ☐ A ☐ B ☐ C	Bezeichnung nach Lage, Größe, Nutzungsart:	Verkehrswert in EUR:
Kraftfahrzeuge ☐ Nein ☐ Ja	Eigentümer: ☐ A ☐ B ☐ C	Fahrzeugart, Marke, Typ, Bau-, Anschaffungsjahr, km-Stand:	Verkehrswert in EUR:
Sonstige Vermögenswerte (zum Beispiel Kapitallebensversicherung, Bargeld, Wertgegenstände, Forderungen, Anspruch aus Zugewinnausgleich) ☐ Nein ☐ Ja	Inhaber: ☐ A ☐ B ☐ C	Bezeichnung des Gegenstands:	Rückkaufwert oder Verkehrswert in EUR:

G Zahlungsverpflichtungen und sonstige besondere Belastungen

Haben Sie oder Ihr Ehegatte/eingetragener Lebenspartner bzw. Ihre Ehegattin/eingetragene Lebenspartnerin Zahlungsverpflichtungen?
☐ Nein ☐ Ja

Verbindlichkeit (z. B. „Kredit")	Gläubiger (z.B. „Sparkasse")	Verwendungszweck:	Raten laufen bis:	Restschuld EUR:	Ich zahle darauf mtl. EUR:	Ehegatte/eingetr. Lebenspartner bzw. Ehegattin/ eingetr. Lebens- partnerin zahlt darauf mtl. EUR :

103

Haben Sie oder Ihr Ehegatte/eingetragener Lebenspartner bzw. Ihre Ehegattin/eingetragene Lebenspartnerin sonstige besondere Belastungen? ☐ Nein ☐ Ja		
Art der Belastung und Begründung dafür:	Ich zahle dafür mtl. EUR:	Ehegatte/eingetr. Lebenspartner bzw. Ehegattin/ eingetr. Lebenspartnerin zahlt mtl. EUR:

Ich habe mich unmittelbar an eine Beratungsperson gewandt. Die Beratung und/oder Vertretung hat erstmals am
....stattgefunden.

Name und Anschrift der Beratungsperson (ggf. Stempel):

....

Ich versichere, dass mir in derselben Angelegenheit Beratungshilfe weder gewährt noch durch das Gericht versagt worden ist und dass in derselben Angelegenheit kein gerichtliches Verfahren anhängig ist oder war.

Ich versichere, dass meine Angaben vollständig und wahr sind. Die Allgemeinen Hinweise und die Ausfüllhinweise zu diesem Formular habe ich erhalten.

Mir ist bekannt, dass das Gericht verlangen kann, dass ich meine Angaben glaubhaft mache und insbesondere auch die Abgabe einer Versicherung an Eides statt fordern kann.

Mir ist bekannt, dass unvollständige oder unrichtige Angaben die Aufhebung der Bewilligung von Beratungshilfe und ggf. auch eine Strafverfolgung nach sich ziehen können.

Ort, Datum	Unterschrift des Antragstellers/der Antragstellerin

Dieses Feld ist nicht vom Antragsteller auszufüllen.
Belege zu folgenden Angaben haben mir vorgelegen: ☐ Bewilligungsbescheid für laufende Leistungen zum Lebensunterhalt nach SGB XII ☐ Einkünfte ☐ Wohnkosten ☐ Sonstiges:

Ort, Datum	Unterschrift des Rechtspflegers/der Rechtspflegerin

Hinweisblatt zum Antrag auf Beratungshilfe

Allgemeine Hinweise

Wozu Beratungshilfe?

Bürgerinnen und Bürger mit geringem Einkommen können Beratungshilfe bekommen, um sich rechtlich beraten und, soweit erforderlich, vertreten zu lassen. Beratungshilfe kann auf allen Rechtsgebieten erteilt werden. Näheres erfahren Sie bei den Gerichten und den Rechtsanwältinnen/Rechtsanwälten sowie den sonstigen Beratungspersonen.

Wer erhält Beratungshilfe, was sind die Voraussetzungen dafür?

Beratungshilfe erhält, wer nach seinen persönlichen und wirtschaftlichen Verhältnissen die für eine Beratung oder Vertretung erforderlichen **Mittel nicht aufbringen kann**. Dies sind in der Regel Personen, die laufende Leistungen zum Lebensunterhalt nach dem Zwölften Buch Sozialgesetzbuch („Sozialhilfe") beziehen. Aber auch bei anderen Personen mit geringem Einkommen können die Voraussetzungen dafür vorliegen. Nähere Auskünfte erteilen ggf. die Amtsgerichte und die Beratungspersonen.

Es darf Ihnen zudem **keine andere Möglichkeit zur** kostenlosen **Beratung und/oder Vertretung** in der von Ihnen genannten Angelegenheit zur Verfügung stehen (wie z. B. in der Regel als Mitglied in einer Gewerkschaft, einem Mieterverein oder wenn Sie eine Rechtsschutzversicherung abgeschlossen haben). Es darf Ihnen in **derselben Angelegenheit** auch **nicht bereits Beratungshilfe bewilligt** oder vom Gericht versagt worden sein. Ob es sich um dieselbe Angelegenheit handelt, muss ggf. im Einzelfall beurteilt werden.

Da die Beratungshilfe für die Wahrnehmung von Rechten außerhalb eines gerichtlichen Verfahrens gewährt wird, darf in derselben Angelegenheit **kein gerichtliches Verfahren anhängig** sein. Dazu gehört z. B. auch ein Streitschlichtungsverfahren vor einer Gütestelle, das in einigen Ländern vor Erhebung einer Klage durchgeführt werden muss (obligatorisches Güteverfahren nach § 15a des Gesetzes betreffend die Einführung der Zivilprozessordnung). Wer sich in einem gerichtlichen Verfahren vertreten lassen möchte, kann Prozesskosten- beziehungsweise Verfahrenskostenhilfe bekommen.

Des Weiteren darf die beabsichtigte Inanspruchnahme der Beratungshilfe **nicht mutwillig** sein. Sie ist dann nicht mutwillig, wenn Sie nicht von Beratung absehen würden, wenn Sie die Kosten selbst tragen müssten.

Erforderlich ist ein **Antrag**, der mündlich oder schriftlich gestellt werden kann. Für einen schriftlichen Antrag ist das anhängende Formular zu benutzen. Sie können den Antrag bei dem Amtsgericht stellen oder Sie können unmittelbar eine der unten genannten Beratungspersonen Ihrer Wahl mit der Bitte um Beratungshilfe aufsuchen. **In diesen Fällen muss der Antrag binnen 4 Wochen nach Beratungsbeginn beim Amtsgericht eingehen, sonst wird der Antrag auf Beratungshilfe abgelehnt.**

Liegen die Voraussetzungen für die Gewährung von Beratungshilfe vor, stellt das Amtsgericht, sofern es nicht selbst die Beratung vornimmt, Ihnen einen **Berechtigungsschein für Beratungshilfe** durch eine Beratungsperson Ihrer Wahl aus. Gegen einen Beschluss des Amtsgerichts, durch den Ihr Antrag zurückgewiesen wird, ist der nicht befristete Rechtsbehelf der Erinnerung statthaft. Das bedeutet, dass Sie dem Gericht schriftlich darlegen können, warum Sie mit der Entscheidung nicht einverstanden sind.

Wer gewährt Beratungshilfe?

Die Beratungshilfe gewähren zum einen die **Beratungspersonen** (Rechtsanwältinnen und Rechtsanwälte sowie in Kammern zugelassene Rechtsbeistände, in steuerrechtlichen Angelegenheiten auch Steuerberater und Wirtschaftsprüfer; in Rentenangelegenheiten auch Rentenberater). Besondere **anwaltliche Beratungsstellen**, die aufgrund einer Vereinbarung mit den Landesjustizverwaltungen eingerichtet worden sind, gewähren ebenfalls Beratungshilfe. Sie alle sind – außer in besonderen Ausnahmefällen – zur Beratungshilfe verpflichtet.

Auch das **Amtsgericht** gewährt direkt Beratungshilfe. Es erteilt eine sofortige Auskunft, soweit Ihrem Anliegen dadurch entsprochen werden kann. Das Amtsgericht weist auch auf andere Möglichkeiten der Hilfe hin. Im Übrigen nimmt es Ihren Antrag auf Beratungshilfe oder Ihre Erklärung auf und stellt ggf. einen Berechtigungsschein aus.

Was kostet mich die Beratungshilfe?

Wird die Beratungshilfe nicht bereits durch das Amtsgericht selbst, sondern durch eine Beratungsperson gewährt, so haben Sie an die Beratungsperson 15 Euro zu bezahlen. Die Beratungsperson kann auf diese Gebühr auch verzichten. Alle übrigen Kosten der Beratungshilfe trägt in aller Regel die Landeskasse.

Weitergehende Gebühren können auf Sie zukommen, wenn das Amtsgericht Ihren Antrag auf Beratungshilfe **ablehnt, nachdem eine Beratung bereits erfolgt ist,** oder die Bewilligung von Beratungshilfe wieder **aufgehoben** wird. In diesen Fällen müssen Sie die Kosten für die Beratungshilfe tragen. Nähere Auskünfte dazu erteilen ggf. die Amtsgerichte und die Beratungspersonen.

Weitere Kosten können auch auf Sie zukommen, wenn Sie infolge der Beratung durch Beratungshilfe etwas erlangt haben. Die Beratungsperson kann dann den Antrag stellen, dass die Beratungshilfe aufgehoben wird und von Ihnen die vorher mit Ihnen für diesen Fall vereinbarten Gebühren verlangen. Darauf müssen Sie aber im Vorwege bei der Mandatsübernahme von der Beratungsperson schriftlich **hingewiesen** werden.

Was ist bei der Antragstellung zu beachten?

Lesen Sie bitte das Antragformular sorgfältig durch und füllen Sie es gewissenhaft aus. Sie finden auf der nächsten Seite Hinweise, die Ihnen die Beantwortung der Fragen erleichtern sollen. Wenn Sie beim Ausfüllen Schwierigkeiten haben, wird Ihnen das Amtsgericht oder Ihre Beratungsperson behilflich sein.

Sollte der Raum im Antragsformular nicht ausreichen, können Sie Angaben auf einem gesonderten Blatt machen. Bitte weisen Sie in dem betreffenden Feld auf das beigefügte Blatt hin.

Da die Mittel für Beratungshilfe von der Allgemeinheit durch Steuern aufgebracht werden, muss das Gericht prüfen, ob Sie Anspruch darauf haben. Das Formular soll diese Prüfung erleichtern. Haben Sie daher bitte Verständnis dafür, dass Sie Ihre persönlichen und wirtschaftlichen Verhältnisse darlegen müssen.

Wichtig:

Bitte fügen Sie alle notwendigen Belege (insbesondere über Ihr Einkommen, Ihr Vermögen und Ihre Belastungen) in Kopie bei. Sie ersparen sich Rückfragen, die das Verfahren verzögern. Antworten Sie wahrheitsgemäß und vollständig, sonst kann schonbewilligte Beratungshilfe wieder aufgehoben werden und Sie müssen die angefallenen Kosten nachzahlen.

Das Gericht kann Sie auch auffordern, fehlende Belege nachzureichen und Ihre Angaben an Eides statt zu versichern. Wenn Sie angeforderte Belege nicht nachreichen, kann dies dazu führen, dass Ihr Antrag auf Bewilligung von Beratungshilfe zurückgewiesen wird. Bei bewusst falschen oder unvollständigen Angaben droht Ihnen außerdem strafrechtliche Verfolgung.

Ausfüllhinweise

A Geben Sie bitte an, was vorgefallen ist und weshalb Sie beraten werden wollen. Stellen Sie dazu den **Sachverhalt** kurz dar und geben Sie gegebenenfalls Name und Anschrift Ihres Gegners an.

B **Rechtsschutzversicherung** Sollten Sie eine Rechtsschutzversicherung haben, klären Sie bitte vorher mit Ihrer Versicherung, ob diese für die Kosten aufkommt. Beratungshilfe kann nur bewilligt werden, wenn dies vorab geklärt ist (bitte fügen Sie das Schreiben der Rechtsschutzversicherung ggf. bei).

Anderweitige Möglichkeit der Beratung/Vertretung Organisationen wie zum Beispiel Mietervereine oder Gewerkschaften bieten für ihre Mitglieder in der Regel kostenlose Beratung und Vertretung. Dann haben Sie in der Regel keinen Anspruch auf Beratungshilfe. Wenn Sie diese Möglichkeit für nicht ausreichend halten, begründen Sie dies bitte auf einem gesonderten Blatt.

Bisherige Bewilligung von Beratungshilfe: Wurde Ihnen Beratungshilfe in derselben Angelegenheit zu einem früheren Zeitpunkt bereits bewilligt, muss Ihr Antrag abgelehnt werden. Wenn bezüglich einer bereits bewilligten Beratungshilfe Zweifel bestehen könnten, ob es sich um die dieselbe Angelegenheit handelt, geben Sie bitte auf einem gesonderten Blatt das Datum der damaligen Bewilligung, den Namen und die Anschrift der Beratungsperson an und benennen Sie die Gründe, weshalb Sie erneut Beratungshilfe beantragen.

Anhängiges gerichtliches Verfahren: Beratungshilfe kann nur bewilligt werden, wenn in derselben Angelegenheit kein gerichtliches Verfahren geführt wurde oder wird. Dies müssen Sie auch ausdrücklich versichern. Wenn bezüglich eines anhängigen oder durchgeführten Gerichtsverfahrens Zweifel bestehen könnten, geben Sie bitte auf einem gesonderten Blatt das zuständige Gericht und das dortige Aktenzeichen an und benennen Sie kurz die Gründe, warum es sich nicht um dieselbe Angelegenheit handelt.

C Als **Bruttoeinkommen** geben Sie hier bitte alle Ihre Einkünfte in Geld oder Geldeswert an, insbesondere

- Lohn, Gehalt (auch Weihnachtsgeld und Urlaubsgeld), Arbeitslosengeld, Einkünfte aus selbständiger Arbeit, Renten,
- Einkünfte aus Vermietung oder Verpachtung, Einkünfte aus Kapitalvermögen,
- Unterhaltsleistungen,
- Kindergeld, Wohngeld, Ausbildungsförderung.

Als **Nettoeinkommen** gilt der Betrag, der zur Verfügung steht, nachdem alle nötigen Leistungen abgezogen wurden, insbesondere

- die auf das Einkommen zu entrichtenden Steuern,
- Pflichtbeiträge zur Sozialversicherung (Renten-, Kranken-, Pflege-, Arbeitslosenversicherung),
- Beiträge zu sonstigen Versicherungen wie z.B. eine sogenannte Riester-Altersvorsorge (bitte auf einem gesonderten Blatt erläutern),
- Werbungskosten (notwendige Aufwendungen für Erwerb Sicherung und Erhalt der Einnahmen, zum Beispiel Berufskleidung, Gewerkschaftsbeitrag, Kosten für die Fahrt zur Arbeit).

Maßgebend ist in der Regel der letzte Monat vor der Antragstellung; bei Einkünften aus selbständiger Arbeit sowie bei unregelmäßig anfallenden Einkünften ist jedoch ein Zwölftel der voraussichtlichen Jahreseinkünfte anzugeben. Das Einkommen des Ehegatten oder eingetragenen Lebenspartners bzw. der Ehegattin oder eingetragenen Lebenspartnerin ist anzugeben, weil er oder sie unter Umständen als unterhaltsverpflichtete Person in wichtigen und dringenden Angelegenheiten für die Kosten der Inanspruchnahme einer Beratungsperson aufkommen muss.

Fügen Sie bitte für alle Angaben Belege bei, zum Beispiel Lohn- oder Gehaltsabrechnungen, einen Bewilligungsbescheid nach dem Zweiten Buch Sozialgesetzbuch mit Berechnungsbogen, oder wenn Sie selbstständig sind, bitte den letzten Steuerbescheid.

D Die **Kosten für Ihre Unterkunft** werden berücksichtigt, soweit sie nicht in einem auffälligen Missverhältnis zu Ihren Lebensverhältnissen stehen. Für die monatlichen Wohnkosten geben Sie bitte bei Mietwohnungen die Miete nebst Heizungs- und Nebenkosten (das sind die auf den Mieter umgelegten Betriebskosten) an. Stromkosten (soweit es sich nicht um Heizkosten handelt) und Kosten für Telefon gehören dagegen nicht zu den Wohnkosten. Bei Wohneigentum geben Sie bitte die Zins- und Tilgungsraten auf Darlehen/Hypotheken/Grundschulden nebst Heizungs- und Betriebskosten an.

E   Es liegt in Ihrem Interesse anzugeben, welchen Personen Sie **Unterhalt gewähren** und ob diese eigene Einkünfte haben. Denn die Unterhaltsleistung wird berücksichtigt, wenn Sie zu dieser gesetzlich verpflichtet sind. Wenn Sie den Unterhalt nicht ausschließlich durch Zahlung gewähren (beispielsweise weil ein Kind nicht nur Zahlungen von Ihnen erhält, sondern ganz oder teilweise bei Ihnen wohnt und versorgt wird), lassen Sie diese Spalte bitte frei. Es wird dann für jeden Angehörigen ein gesetzlich festgelegter Unterhaltsfreibetrag angesetzt.

F   Geben Sie bitte zunächst alle Bankkonten an, die Ihnen, Ihrem Ehegatten/eingetragenen Lebenspartner bzw. Ihrer Ehegattin/ eingetragenen Lebenspartnerin jeweils alleine oder gemeinsam gehören. Diese Angaben sind auch bei fehlendem Guthaben erforderlich, da die Kontostände ggf. mit anderen Vermögenswerten aufgerechnet werden können. Beratungshilfe kann auch dann bewilligt werden, wenn zwar **Vermögenswerte** vorhanden sind, diese aber zur Sicherung einer angemessenen Lebensgrundlage oder einer angemessenen Vorsorge dienen. Solche Vermögenswerte sind zum Beispiel

- ein selbst genutztes angemessenes Hausgrundstück (Familienheim),
- ein von Ihnen oder der Familie genutztes angemessenes Kraftfahrzeug, sofern dieses für die Berufsausbildung oder die Berufsausübung benötigt wird,
- kleinere Barbeträge oder Geldwerte (Beträge bis insgesamt 2600 Euro für Sie persönlich zuzüglich 256 Euro für jede Person, der Sie Unterhalt gewähren, sind in der Regel als ein solcher kleinerer Betrag anzusehen),
- Hausrat und Kleidung sowie Gegenstände, die für die Berufsausbildung oder die Berufsausübung benötigt werden (diese müssen Sie nur angeben, wenn sie über das Übliche hinausgehen oder wertvoll sind),
- der angesparte Betrag einer sogenannten Riester-Altersvorsorge.

Sollte der Einsatz oder die Verwertung eines anderen Vermögensgegenstandes für Sie und Ihre Familie eine Härte bedeuten, erläutern Sie dies bitte auf einem gesonderten Blatt.

G   **Zahlungsverpflichtungen** und sonstige **besondere Belastungen** können berücksichtigt werden, soweit dies angemessen ist. Unter **Zahlungsverpflichtungen** fallen insbesondere Kreditraten, sofern sie tatsächlich getilgt werden. Sonstige **besondere Belastungen** können zum Beispiel zusätzliche ärztliche Behandlungskosten, Aufwendungen für außerschulische Lernförderung, BAföG-Darlehensraten oder Mehrausgaben für einen behinderten Angehörigen sein. Auch eine Unterhaltsbelastung des Ehegatten oder eingetragenen Lebenspartners bzw. der Ehegattin oder eingetragenen Lebenspartnerin aus seiner bzw. ihrer früheren Ehe oder eingetragenen Lebenspartnerschaft kann hier angegeben werden. Bitte fügen Sie sowohl für die geltend gemachte Zahlungsverpflichtung oder sonstige Belastung als auch für die Zahlungen, die Sie leisten, und die Restschuld Belege bei (z. B. Kopie des Kreditvertrags, Kopien der Kontoauszüge o. Ä.).!!

Wenn Sie Leistungen nach dem Zweiten oder Zwölften Buch Sozialgesetzbuch erhalten und sich in einer besonderen Lebenssituation befinden, werden die bei Ihnen **anerkannten Mehrbedarfe** gemäß § 21 SGB II oder § 30 SGB XII ebenfalls als besondere Belastung berücksichtigt. Beispiele hierfür sind:
- Feststellung des Merkzeichens G und Erreichen der Altersgrenze/volle Erwerbsminderung
- Werdende Mütter nach der 12. Schwangerschaftswoche
- Alleinerziehende Personen, die mit einem oder mehreren minderjährigen Kindern zusammenleben
- Behinderte Personen, denen bestimmte Leistungen gem. SGB XII zuerkannt werden
- Personen, die medizinisch bedingt einer kostenaufwändigen Ernährung bedürfen
- Dezentrale Warmwasserversorgung
- Unabweisbarer laufender Mehraufwand.

Weisen Sie auf die anerkannten Mehrbedarfe aufgrund Ihrer besonderen Lebenssituation bitte ggf. hin. Angaben zu Zahlungen dafür sind in diesen Fällen nicht erforderlich.

Anlage 2

Antragsteller
(Stempel des Rechtsanwalts/
der Rechtsanwältin
oder sonstigen Beratungsperson)

Geschäftsnummer des Amtsgerichts
(Berechtigungsschein)

Amtsgericht _____

_____
Postleitzahl, Ort

Eingangsstempel des Amtsgerichts

Ich habe Beratungshilfe gewährt Herrn/Frau	In der Zeit vom / am

Anschrift (Straße, Hausnummer, PLZ, Ort)

☐ Der Berechtigungsschein im Original oder ☐ der Antrag auf nachträgliche Bewilligung der Beratungshilfe ist beigefügt.

Über die in Nr. 2500 VV RVG bestimmte Gebühr hinaus habe ich Zahlungen von einem Dritten

☐ nicht erhalten ☐ in Höhe von_____EUR erhalten.

Ist der Gegner verpflichtet, die Kosten zu erstatten (§ 9 BerHG i. V. m. § 59 Absatz 1, 3 RVG)?

☐ nein ☐ ja; Name und Anschrift sowie die Begründung der Erstattungspflicht ergeben sich aus der Anlage.

Ist die Beratung oder die Vertretung in ein gerichtliches Verfahren / (weiteres) Verwaltungsverfahren in diesem Mandat übergegangen (Abs. 2 der Anmerkungen zu den Nummern 2501 oder 2503 VV RVG)?

☐ nein ☐ ja, und zwar bei (Gericht/Behörde, Ort, Aktenzeichen): _____

Ich beantrage, nachstehend berechnete Gebühren und Auslagen, deren Entstehung ich versichere, festzusetzen und auszuzahlen durch Überweisung auf das Konto IBAN-Nr.: _ _ _ _ | _ _ _ _ | _ _ _ _ | _ _ _ _ | _ _ _ _ | _ _ _ _ | _ _ _ _ | _ _ _ _ | _ _

BIC: _ _ _ _ _ _ _ _ | _ _ _ zum Geschäftszeichen _____

_____
Ort, Datum

_____
Rechtsanwalt /Rechtsanwältin /sonstige Beratungsperson

Kostenberechnung (nach RVG)			Dieses Feld bitte nicht ausfüllen.
Bezeichnung	**Vergütungsverzeichnis Nummer(n)**	**Betrag EUR**	**Festzusetzen auf EUR**
Beratungsgebühr	2501		
	2502		
Geschäftsgebühr Meine Tätigkeit bestand in:	2503		
Einigungs- und Erledigungsgebühr Inhalt bzw. Darstellung der Erledigung ergeben sich aus der Anlage	2508		
Entgelte für Post- und Telekommunikationsdienstleistungen	Einzelberechnung 7001		
	Pauschale 7002		
Dokumentenpauschale (Seiten à 0,50 EUR, Seiten à 0,15 EUR)	7000		
	Summe		
Umsatzsteuer auf die Vergütung	7008		
	Summe		
Abzüglich Zahlungen gemäß § 9 BerHG i. V. m. § 58 Absatz 1 RVG; § 55 Absatz 5 Satz 3 RVG			
zu zahlender Betrag			

C. Anlage 3 Gesetz zur Änderung des Prozesskostenhilfe- und Beratungshilferechts

3   Vom 31. August 2013

Der Bundestag hat das folgende Gesetz beschlossen:

Artikel 1
Änderung der Zivilprozessordnung

Die Zivilprozessordnung in der Fassung der Bekanntmachung vom 5. Dezember 2005 (BGBl. I S. 3202; 2006 I S. 431; 2007 I S. 1781), die zuletzt durch Artikel 3 des Gesetzes vom 15. Juli 2013 (BGBl. I S. 2379) geändert worden ist, wird wie folgt geändert:

1. In der Inhaltsübersicht wird nach der Angabe zu § 120 folgende Angabe eingefügt:

   „§ 120a Änderung der Bewilligung".

2. § 114 wird wie folgt geändert:

   a) Der Wortlaut wird Absatz 1.

   b) Folgender Absatz 2 wird angefügt:

   „(2) Mutwillig ist die Rechtsverfolgung oder Rechtsverteidigung, wenn eine Partei, die keine Prozesskostenhilfe beansprucht, bei verständiger Würdigung aller Umstände von der Rechtsverfolgung oder Rechtsverteidigung absehen würde, obwohl eine hinreichende Aussicht auf Erfolg besteht."

3. § 115 wird wie folgt geändert:

   a) Absatz 1 Satz 3 wird wie folgt geändert:

   aa) Nach Nummer 3 wird folgende Nummer 4 eingefügt:

   „4. Mehrbedarfe nach § 21 des Zweiten Buches Sozialgesetzbuch und nach § 30 des Zwölften Buches Sozialgesetzbuch;".

   bb) Die bisherige Nummer 4 wird Nummer 5.

   b) Absatz 2 wird wie folgt gefasst:

   „(2) Von dem nach den Abzügen verbleibenden Teil des monatlichen Einkommens (einzusetzendes Einkommen) sind Monatsraten in Höhe der Hälfte des einzusetzenden Einkommens festzusetzen; die Monatsraten sind auf volle Euro abzurunden. Beträgt die Höhe einer Monatsrate weniger als 10 Euro, ist von der Festsetzung von Monatsraten abzusehen. Bei einem einzusetzenden Einkommen von mehr als 600 Euro beträgt die Monatsrate 300 Euro zuzüglich des Teils des einzusetzenden Einkommens, der 600 Euro übersteigt. Unabhängig von der Zahl der Rechtszüge sind höchstens 48 Monatsraten aufzubringen."

4. In § 116 Satz 2 werden nach der Angabe „§ 114" die Angabe „Absatz 1" und nach dem Wort „Halbsatz" die Wörter „und Absatz 2" eingefügt.

5. Dem § 117 Absatz 3 wird folgender Satz angefügt:

   „Die Formulare enthalten die nach § 120a Absatz 2 Satz 4 erforderliche Belehrung."

6. § 118 wird wie folgt geändert:

   a) Absatz 1 Satz 1 wird wie folgt gefasst:

   „Dem Gegner ist Gelegenheit zur Stellungnahme zu geben, ob er die Voraussetzungen für die Bewilligung von Prozesskostenhilfe für gegeben hält, soweit dies aus besonderen Gründen nicht unzweckmäßig erscheint."

   b) In Absatz 2 Satz 1 werden nach dem Wort „macht" die Wörter „; es kann insbesondere auch die Abgabe einer Versicherung an Eides statt fordern" eingefügt.

7. § 120 wird wie folgt geändert:

   a) In Absatz 1 Satz 2 wird die Angabe „§ 115 Abs. 1 Satz 3 Nr. 4" durch die Wörter „§ 115 Absatz 1 Satz 3 Nummer 5" ersetzt.

   b) Absatz 3 Nummer 1 wird wie folgt gefasst:

   „1. wenn die Zahlungen der Partei die voraussichtlich entstehenden Kosten decken;".

   c) Absatz 4 wird aufgehoben.

8. Nach § 120 wird folgender § 120a eingefügt:

   „§ 120a

   Änderung der Bewilligung

   (1) Das Gericht soll die Entscheidung über die zu leistenden Zahlungen ändern, wenn sich die für die Prozesskostenhilfe maßgebenden persönlichen oder wirtschaftlichen Verhältnisse wesentlich verändert haben. Eine Änderung der nach § 115 Absatz 1 Satz 3 Nummer 1 Buchstabe b und Nummer 2 maßgebenden Beträge ist nur auf Antrag und nur dann zu berücksichtigen, wenn sie dazu führt, dass keine Monatsrate zu zahlen ist. Auf Verlangen des Gerichts muss die Partei jederzeit erklären, ob eine Veränderung der Verhältnisse eingetreten ist. Eine Änderung zum Nachteil der Partei ist ausgeschlossen, wenn seit der rechtskräftigen Entscheidung oder der sonstigen Beendigung des Verfahrens vier Jahre vergangen sind.

   (2) Verbessern sich vor dem in Absatz 1 Satz 4 genannten Zeitpunkt die wirtschaftlichen Verhältnisse der Partei wesentlich oder ändert sich ihre Anschrift, hat sie dies dem Gericht unverzüglich mitzuteilen. Bezieht die Partei ein laufendes monatliches Einkommen, ist eine Einkommensverbesse-

rung nur wesentlich, wenn die Differenz zu dem bisher zu Grunde gelegten Bruttoeinkommen nicht nur einmalig 100 Euro übersteigt. Satz 2 gilt entsprechend, soweit abzugsfähige Belastungen entfallen. Hierüber und über die Folgen eines Verstoßes ist die Partei bei der Antragstellung in dem gemäß § 117 Absatz 3 eingeführten Formular zu belehren.

(3) Eine wesentliche Verbesserung der wirtschaftlichen Verhältnisse kann insbesondere dadurch eintreten, dass die Partei durch die Rechtsverfolgung oder Rechtsverteidigung etwas erlangt. Das Gericht soll nach der rechtskräftigen Entscheidung oder der sonstigen Beendigung des Verfahrens prüfen, ob eine Änderung der Entscheidung über die zu leistenden Zahlungen mit Rücksicht auf das durch die Rechtsverfolgung oder Rechtsverteidigung Erlangte geboten ist. Eine Änderung der Entscheidung ist ausgeschlossen, soweit die Partei bei rechtzeitiger Leistung des durch die Rechtsverfolgung oder Rechtsverteidigung Erlangten ratenfreie Prozesskostenhilfe erhalten hätte.

(4) Für die Erklärung über die Änderung der persönlichen oder wirtschaftlichen Verhältnisse nach Absatz 1 Satz 3 muss die Partei das gemäß § 117 Absatz 3 eingeführte Formular benutzen. Für die Überprüfung der persönlichen und wirtschaftlichen Verhältnisse gilt § 118 Absatz 2 entsprechend."

9. § 124 wird wie folgt geändert:

a) Der Wortlaut wird Absatz 1 und wie folgt geändert:

aa) In dem Satzteil vor Nummer 1 wird das Wort „kann" durch das Wort „soll" ersetzt.

bb) In Nummer 2 werden die Wörter „§ 120 Abs. 4 Satz 2 nicht" durch die Wörter „§ 120a Absatz 1 Satz 3 nicht oder ungenügend" ersetzt.

cc) Nach Nummer 3 wird folgende Nummer 4 eingefügt:

„4. die Partei entgegen § 120a Absatz 2 Satz 1 bis 3 dem Gericht wesentliche Verbesserungen ihrer Einkommens- und Vermögensverhältnisse oder Änderungen ihrer Anschrift absichtlich oder aus grober Nachlässigkeit unrichtig oder nicht unverzüglich mitgeteilt hat;".

dd) Die bisherige Nummer 4 wird Nummer 5.

b) Folgender Absatz 2 wird angefügt:

„(2) Das Gericht kann die Bewilligung der Prozesskostenhilfe aufheben, soweit die von der Partei beantragte Beweiserhebung auf Grund von Umständen, die im Zeitpunkt der Bewilligung der Prozesskostenhilfe noch nicht berücksichtigt werden konnten, keine hinreichende Aussicht auf Erfolg bietet oder der Beweisantritt mutwillig erscheint."

10. § 127 wird wie folgt geändert:

a) In Absatz 2 Satz 3 werden die Wörter „des § 569 Abs. 1 Satz 1" gestrichen.

b) In Absatz 3 Satz 3 werden die Wörter „des § 569 Abs. 1 Satz 1" gestrichen.

11. Dem § 269 Absatz 4 wird folgender Satz angefügt:

„Ist einem Beklagten Prozesskostenhilfe bewilligt worden, hat das Gericht über die Kosten von Amts wegen zu entscheiden."

Artikel 2
Änderung des
Beratungshilfegesetzes

Das Beratungshilfegesetz vom 18. Juni 1980 (BGBl. I S. 689), das zuletzt durch Artikel 3 des Gesetzes vom 23. Mai 2011 (BGBl. I S. 898) geändert worden ist, wird wie folgt geändert:

1. § 1 wird wie folgt geändert:

a) In Absatz 1 Nummer 3 werden die Wörter „Wahrnehmung der Rechte" durch die Wörter „Inanspruchnahme der Beratungshilfe" und wird das Wort „ist" durch das Wort „erscheint" ersetzt.

b) Dem Absatz 2 wird folgender Satz angefügt:

„Die Möglichkeit, sich durch einen Rechtsanwalt unentgeltlich oder gegen Vereinbarung eines Erfolgshonorars beraten oder vertreten zu lassen, ist keine andere Möglichkeit der Hilfe im Sinne des Absatzes 1 Nummer 2."

c) Folgender Absatz 3 wird angefügt:

„(3) Mutwilligkeit liegt vor, wenn Beratungshilfe in Anspruch genommen wird, obwohl ein Rechtsuchender, der keine Beratungshilfe beansprucht, bei verständiger Würdigung aller Umstände der Rechtsangelegenheit davon absehen würde, sich auf eigene Kosten rechtlich beraten oder vertreten zu lassen. Bei der Beurteilung der Mutwilligkeit sind die Kenntnisse und Fähigkeiten des Antragstellers sowie seine besondere wirtschaftliche Lage zu berücksichtigen."

2. § 2 wird wie folgt geändert:

a) Dem Absatz 1 wird folgender Satz angefügt:

„Eine Vertretung ist erforderlich, wenn der Rechtsuchende nach der Beratung angesichts des Umfangs, der Schwierigkeit oder der Bedeutung der Rechtsangelegenheit für ihn seine Rechte nicht selbst wahrnehmen kann."

b) Absatz 2 wird wie folgt geändert:

aa) Satz 1 wird wie folgt gefasst:

„Beratungshilfe nach diesem Gesetz wird in allen rechtlichen Angelegenheiten gewährt."

bb) Satz 3 wird aufgehoben.

3. § 3 Absatz 1 wird wie folgt gefasst:

„(1) Die Beratungshilfe wird durch Rechtsanwälte und durch Rechtsbeistände, die Mitglied einer Rechtsanwaltskammer sind, gewährt. Im Umfang ihrer jeweiligen Befugnis zur Rechtsberatung wird sie auch gewährt

1. Steuerberater und Steuerbevollmächtigte,

2. Wirtschaftsprüfer und vereidigte Buchprüfer sowie

3. Rentenberater.

Sie kann durch die in den Sätzen 1 und 2 genannten Personen (Beratungspersonen) auch in Beratungsstellen gewährt werden, die auf Grund einer Vereinbarung mit der Landesjustizverwaltung eingerichtet sind."

4. § 4 Absatz 2 Satz 3 und 4 wird durch die folgenden Absätze 3 bis 6 ersetzt:

„(3) Dem Antrag sind beizufügen:

1. eine Erklärung des Rechtsuchenden über seine persönlichen und wirtschaftlichen Verhältnisse, insbesondere Angaben zu Familienstand, Beruf, Vermögen, Einkommen und Lasten, sowie entsprechende Belege und

2. eine Versicherung des Rechtsuchenden, dass ihm in derselben Angelegenheit Beratungshilfe bisher weder gewährt noch durch das Gericht versagt worden ist, und dass in derselben Angelegenheit kein gerichtliches Verfahren anhängig ist oder war.

(4) Das Gericht kann verlangen, dass der Rechtsuchende seine tatsächlichen Angaben glaubhaft macht, und kann insbesondere auch die Abgabe einer Versicherung an Eides statt fordern. Es kann Erhebungen anstellen, insbesondere die Vorlegung von Urkunden anordnen und Auskünfte einholen. Zeugen und Sachverständige werden nicht vernommen.

(5) Hat der Rechtsuchende innerhalb einer von dem Gericht gesetzten Frist Angaben über seine persönlichen und wirtschaftlichen Verhältnisse nicht glaubhaft gemacht oder bestimmte Fragen nicht oder ungenügend beantwortet, so lehnt das Gericht die Bewilligung von Beratungshilfe ab.

(6) In den Fällen nachträglicher Antragstellung (§ 6 Absatz 2) kann die Beratungsperson vor Beginn der Beratungshilfe verlangen, dass der Rechtsuchende seine persönlichen und wirtschaftlichen Verhältnisse belegt und erklärt, dass ihm in derselben Angelegenheit Beratungshilfe bisher weder gewährt noch durch das Gericht versagt worden ist, und dass in derselben Angelegenheit kein gerichtliches Verfahren anhängig ist oder war."

5. § 6 wird wie folgt geändert:

a) In Absatz 1 werden die Wörter „einen Rechtsanwalt" durch die Wörter „eine Beratungsperson" ersetzt.

b) Absatz 2 wird wie folgt gefasst:

„(2) Wenn sich der Rechtsuchende wegen Beratungshilfe unmittelbar an eine Beratungsperson wendet, kann der Antrag auf Bewilligung der Beratungshilfe nachträglich gestellt werden. In diesem Fall ist der Antrag spätestens vier Wochen nach Beginn der Beratungshilfetätigkeit zu stellen."

6. Nach § 6 wird folgender § 6a eingefügt:

„§ 6a

(1) Das Gericht kann die Bewilligung von Amts wegen aufheben, wenn die Voraussetzungen für die Beratungshilfe zum Zeitpunkt der Bewilligung nicht vorgelegen haben und seit der Bewilligung nicht mehr als ein Jahr vergangen ist.

(2) Die Beratungsperson kann die Aufhebung der Bewilligung beantragen, wenn der Rechtsuchende auf Grund der Beratung oder Vertretung, für die ihm Beratungshilfe bewilligt wurde, etwas erlangt hat.

Der Antrag kann nur gestellt werden, wenn die Beratungsperson

1. noch keine Beratungshilfevergütung nach § 44 Satz 1 des Rechtsanwaltsvergütungsgesetzes beantragt hat und

2. den Rechtsuchenden bei der Mandatsübernahme auf die Möglichkeit der Antragstellung und der Aufhebung der Bewilligung sowie auf die sich für die Vergütung nach § 8a Absatz 2 ergebenden Folgen in Textform hingewiesen hat.

Das Gericht hebt den Beschluss über die Bewilligung von Beratungshilfe nach Anhörung des Rechtsuchenden auf, wenn dieser auf Grund des Erlangten die Voraussetzungen hinsichtlich der persönlichen und wirtschaftlichen Verhältnisse für die Bewilligung von Beratungshilfe nicht mehr erfüllt."

7. Die §§ 7 und 8 werden durch die folgenden §§ 7 bis 8a ersetzt:

„§ 7

Gegen den Beschluss, durch den der Antrag auf Bewilligung von Beratungshilfe zurückgewiesen oder durch den die Bewilligung von Amts wegen oder auf Antrag der Beratungsperson wieder aufgehoben wird, ist nur die Erinnerung statthaft.

§ 8

(1) Die Vergütung der Beratungsperson richtet sich nach den für die Beratungshilfe geltenden Vorschriften des Rechtsanwaltsvergütungsgesetzes. Die Beratungsperson, die nicht Rechtsanwalt ist, steht insoweit einem Rechtsanwalt gleich.

(2) Die Bewilligung von Beratungshilfe bewirkt, dass die Beratungsperson gegen den Rechtsuchenden keinen Anspruch mit Ausnahme der Beratungshilfegebühr (§ 44 Satz 2 des Rechtsanwaltsvergütungsgesetzes) geltend machen kann. Dies gilt auch in den Fällen nachträglicher Antragstellung (§ 6 Absatz 2) bis zur Entscheidung durch das Gericht.

§ 8a

(1) Wird die Beratungshilfebewilligung aufgehoben, bleibt der Vergütungsanspruch der Beratungsperson gegen die Staatskasse unberührt. Dies gilt nicht, wenn die Beratungsperson

1. Kenntnis oder grob fahrlässige Unkenntnis davon hatte, dass die Bewilligungsvoraussetzungen im Zeitpunkt der Beratungshilfeleistung nicht vorlagen, oder

2. die Aufhebung der Beratungshilfe selbst beantragt hat (§ 6a Absatz 2).

(2) Die Beratungsperson kann vom Rechtsuchenden Vergütung nach den allgemeinen Vorschriften verlangen, wenn sie

1. keine Vergütung aus der Staatskasse fordert oder einbehält und

2. den Rechtsuchenden bei der Mandatsübernahme auf die Möglichkeit der Aufhebung der Bewilligung sowie auf die sich für die Vergütung ergebenden Folgen hingewiesen hat.

Soweit der Rechtsuchende die Beratungshilfegebühr (Nummer 2500 der Anlage 1 des Rechtsanwaltsvergütungsgesetzes) bereits geleistet hat, ist sie auf den Vergütungsanspruch anzurechnen.

(3) Wird die Bewilligung der Beratungshilfe aufgehoben, weil die persönlichen und wirtschaftlichen Voraussetzungen hierfür nicht vorgelegen haben, kann die Staatskasse vom Rechtsuchenden Erstattung des von ihr an die Beratungsperson geleisteten und von dieser einbehaltenen Betrages verlangen.

(4) Wird im Fall nachträglicher Antragstellung Beratungshilfe nicht bewilligt, kann die Beratungsperson vom Rechtsuchenden Vergütung nach den allgemeinen Vorschriften verlangen, wenn sie ihn bei der Mandatsübernahme hierauf hingewiesen hat. Absatz 2 Satz 2 gilt entsprechend."

8. § 9 wird wie folgt geändert:

a) Satz 1 wird wie folgt gefasst:

„Ist der Gegner verpflichtet, dem Rechtsuchenden die Kosten der Wahrnehmung seiner Rechte zu ersetzen, hat er für die Tätigkeit der Beratungsperson die Vergütung nach den allgemeinen Vorschriften zu zahlen."

b) In Satz 2 werden die Wörter „den Rechtsanwalt" durch die Wörter „die Beratungsperson" ersetzt.

9. In § 11 werden die Wörter „Der Bundesminister" durch die Wörter „Das Bundesministerium", wird das Wort „Vordrucke" durch das Wort „Formulare" und werden die Wörter „des Rechtsanwalts" durch die Wörter „der Beratungsperson" ersetzt.

10. § 12 wird wie folgt geändert:

a) In Absatz 2 wird das Wort „anwaltlicher" gestrichen.

b) Nach Absatz 2 wird folgender Absatz 3 eingefügt:

„(3) Die Länder können durch Gesetz die ausschließliche Zuständigkeit von Beratungsstellen nach § 3 Absatz 1 zur Gewährung von Beratungshilfe bestimmen."

c) Der bisherige Absatz 3 wird Absatz 4.

11. § 13 wird wie folgt gefasst:

„§ 13

Ist der Antrag auf Beratungshilfe vor dem 1. Januar 2014 gestellt worden oder ist die Beratungshilfe vor dem 1. Januar 2014 gewährt worden, ist dieses Gesetz in der bis zum 31. Dezember 2013 geltenden Fassung anzuwenden."

Artikel 3
Änderung des
Rechtspflegergesetzes

Das Rechtspflegergesetz in der Fassung der Bekanntmachung vom 14. April 2013 (BGBl. I S. 778), das zuletzt durch Artikel 2 des Gesetzes vom 15. Juli 2013 (BGBl. I S. 2379) geändert worden ist, wird wie folgt geändert:

1. § 20 wird wie folgt geändert:

a) Der Wortlaut wird Absatz 1 und in Nummer 4 Buchstabe c wird die Angabe „§ 120 Abs. 4,

§ 124 Nr. 2, 3 und 4" durch die Wörter „den §§ 120a, 124 Absatz 1 Nummer 2 bis 5" ersetzt.

b) Folgende Absätze 2 und 3 werden angefügt:

„(2) Die Landesregierungen werden ermächtigt, durch Rechtsverordnung zu bestimmen, dass die Prüfung der persönlichen und wirtschaftlichen Verhältnisse nach den §§ 114 und 115 der Zivilprozessordnung einschließlich der in § 118 Absatz 2 der Zivilprozessordnung bezeichneten Maßnahmen, der Beurkundung von Vergleichen nach § 118 Absatz 1 Satz 3 der Zivilprozessordnung und der Entscheidung nach § 118 Absatz 2 Satz 4 der Zivilprozessordnung durch den Rechtspfleger vorzunehmen ist, wenn der Vorsitzende das Verfahren dem Rechtspfleger insoweit überträgt. In diesem Fall ist § 5 Absatz 1 Nummer 2 nicht anzuwenden. Liegen die Voraussetzungen für die Bewilligung der Prozesskostenhilfe hiernach nicht vor, erlässt der Rechtspfleger die den Antrag ablehnende Entscheidung; anderenfalls vermerkt der Rechtspfleger in den Prozessakten, dass dem Antragsteller nach seinen persönlichen und wirtschaftlichen Verhältnissen Prozesskostenhilfe gewährt werden kann und in welcher Höhe gegebenenfalls Monatsraten oder Beträge aus dem Vermögen zu zahlen sind.

(3) Die Landesregierungen können die Ermächtigung nach Absatz 2 auf die Landesjustizverwaltungen übertragen."

2. In § 24a Absatz 1 Nummer 1 werden nach dem Wort „Gewährung" die Wörter „und Aufhebung" eingefügt.

Artikel 4
Änderung der
Bundesrechtsanwaltsordnung

In § 48 Absatz 1 Nummer 1 der Bundesrechtsanwaltsordnung in der im Bundesgesetzblatt Teil III, Gliederungsnummer 303-8, veröffentlichten bereinigten Fassung, die zuletzt durch Artikel 2 Absatz 60 des Gesetzes vom 7. August 2013 (BGBl. I S. 3154) geändert worden ist, werden die Wörter „, des § 11a des Arbeitsgerichtsgesetzes" gestrichen.

Artikel 5
Änderung des
Gesetzes betreffend die
Einführung der Zivilprozessordnung

Dem Gesetz betreffend die Einführung der Zivilprozessordnung in der im Bundesgesetzblatt Teil III, Gliederungsnummer 310-2, veröffentlichten bereinigten Fassung, das zuletzt durch Artikel 5 des Gesetzes vom 11. März 2013 (BGBl. I S. 434) geändert worden ist, wird folgender § 40 angefügt:

„§ 40

Übergangsvorschrift
zum Gesetz zur Änderung des
Prozesskostenhilfe- und Beratungshilferechts

Hat eine Partei vor dem 1. Januar 2014 für einen Rechtszug Prozesskostenhilfe beantragt, so sind für diesen Rechtszug die §§ 114 bis 127 der Zivilprozessordnung, § 48 Absatz 1 Nummer 1 der Bundesrechtsanwaltsordnung, § 4b der Insolvenzordnung, § 11a des Arbeitsgerichtsgesetzes, § 397a der Strafprozessordnung, § 77 Absatz 1 Satz 2 und § 168 Absatz 2 Satz 2 des Gesetzes über das Verfahren in Familiensachen und in Angelegenheiten der freiwilligen Gerichtsbarkeit, § 12 Satz 1 des Rechtsanwaltsvergütungsgesetzes sowie die §§ 136 und 137 des Patentgesetzes in der bis zum 31. Dezember 2013 geltenden Fassung anzuwenden. Eine Maßnahme der Zwangsvollstreckung gilt als besonderer Rechtszug."

Artikel 6
Änderung der
Insolvenzordnung

§ 4b der Insolvenzordnung vom 5. Oktober 1994 (BGBl. I S. 2866), die zuletzt durch Artikel 1 des Gesetzes vom 15. Juli 2013 (BGBl. I S. 2379) geändert worden ist, wird wie folgt geändert:

1. Absatz 1 Satz 2 wird wie folgt gefasst:

„§ 115 Absatz 1 bis 3 sowie § 120 Absatz 2 der Zivilprozessordnung gelten entsprechend."

2. In Absatz 2 Satz 3 werden die Wörter „§ 120 Abs. 4 Satz 1 und 2" durch die Wörter „§ 120a Absatz 1 Satz 2 und 3" ersetzt.

Artikel 7
Änderung des
Arbeitsgerichtsgesetzes

§ 11a des Arbeitsgerichtsgesetzes in der Fassung der Bekanntmachung vom 2. Juli 1979 (BGBl. I S. 853, 1036), das zuletzt durch Artikel 18 des Gesetzes vom 23. Juli 2013 (BGBl. I S. 2586) geändert worden ist, wird wie folgt geändert:

1. Die Absätze 1 bis 2a werden aufgehoben.

2. Die bisherigen Absätze 3 und 4 werden die Absätze 1 und 2.

Artikel 8
Änderung der
Strafprozessordnung

In § 397a Absatz 2 Satz 2 der Strafprozessordnung in der Fassung der Bekanntmachung vom 7. April 1987 (BGBl. I S. 1074, 1319), die zuletzt durch Artikel 7 des Gesetzes vom 28. August 2013 (BGBl. I S. 3313) geändert worden ist, wird nach der Angabe „§ 114" die Angabe „Absatz 1" und werden nach dem Wort „Halbsatz" die Wörter „sowie Absatz 2" eingefügt.

Artikel 9
Änderung des
Gesetzes über das Verfahren
in Familiensachen und in den
Angelegenheiten der freiwilligen Gerichtsbarkeit

Das Gesetz über das Verfahren in Familiensachen und in den Angelegenheiten der freiwilligen Gerichtsbarkeit vom 17. Dezember 2008 (BGBl. I S. 2586, 2587), das zuletzt durch Artikel 5 des Gesetzes vom 28. August 2013 (BGBl. I S. 3458) geändert worden ist, wird wie folgt geändert:

1. § 77 Absatz 1 Satz 2 wird wie folgt gefasst:

„In Antragsverfahren ist dem Antragsgegner Gelegenheit zur Stellungnahme zu geben, ob er die Voraussetzungen für die Bewilligung von Verfahrenskostenhilfe für gegeben hält, soweit dies aus besonderen Gründen nicht unzweckmäßig erscheint."

2. In § 168 Absatz 2 Satz 2 werden die Wörter „§ 120 Abs. 2 bis 4 Satz 1 und 2" durch die Wörter „§ 120 Absatz 2 und 3 sowie § 120a Absatz 1 Satz 1 bis 3" ersetzt.

Artikel 10
Änderung des
Auslandsunterhaltsgesetzes

In § 23 Satz 3 und § 24 Satz 3 des Auslandsunterhaltsgesetzes vom 23. Mai 2011 (BGBl. I S. 898), das durch Artikel 1 des Gesetzes vom 20. Februar 2013 (BGBl. I S. 273) geändert worden ist, wird jeweils nach der Angabe „124" die Angabe „Absatz 1" eingefügt.

Artikel 11
Änderung des
Sozialgerichtsgesetzes

§ 73a des Sozialgerichtsgesetzes in der Fassung der Bekanntmachung vom 23. September 1975 (BGBl. I S. 2535), das zuletzt durch Artikel 19 des Gesetzes vom 23. Juli 2013 (BGBl. I S. 2586) geändert worden ist, wird wie folgt geändert:

1. Dem Absatz 1 werden die folgenden Sätze angefügt:

„Einem Beteiligten, dem Prozesskostenhilfe bewilligt worden ist, kann auch ein Steuerberater, Steuerbevollmächtigter, Wirtschaftsprüfer, vereidigter Buchprüfer oder Rentenberater beigeordnet werden. Die Vergütung richtet sich nach den für den beigeordneten Rechtsanwalt geltenden Vorschriften des Rechtsanwaltsvergütungsgesetzes."

2. Die folgenden Absätze 4 bis 9 werden angefügt:

„(4) Die Prüfung der persönlichen und wirtschaftlichen Verhältnisse nach den §§ 114 und 115 der Zivilprozessordnung einschließlich der in § 118 Absatz 2 und 4 der Zivilprozessordnung bezeichneten Maßnahmen, der Beurkundung von Vergleichen nach § 118 Absatz 1 Satz 3 der Zivilprozessordnung und der Entscheidungen nach § 118 Absatz 3 der Zivilprozessordnung obliegt dem Urkundsbeamten der Geschäftsstelle des jeweiligen Rechtszugs, wenn der Vorsitzende ihm das Verfahren nach Maßgabe des Landesrechts insoweit überträgt; liegen die Voraussetzungen für die Bewilligung der Prozesskostenhilfe hiernach nicht vor, erlässt der Urkundsbeamte die den Antrag ablehnende Entscheidung; anderenfalls vermerkt der Urkundsbeamte in den Prozessakten, dass dem Antragsteller nach seinen persönlichen und wirtschaftlichen Verhältnissen Prozesskostenhilfe gewährt wird und in welcher Höhe gegebenenfalls Monatsraten oder Beträge aus dem Vermögen zu zahlen sind.

(5) Dem Urkundsbeamten obliegen im Verfahren über die Prozesskostenhilfe ferner die Bestimmung des Zeitpunkts für die Einstellung und eine Wiederaufnahme der Zahlungen nach § 120 Absatz 3 der Zivilprozessordnung sowie die Änderung und die Aufhebung der Bewilligung der Prozesskostenhilfe

nach den §§ 120a und 124 Absatz 1 Nummer 2 bis 5 der Zivilprozessordnung.

(6) Der Vorsitzende kann Aufgaben nach den Absätzen 4 und 5 zu jedem Zeitpunkt an sich ziehen. § 5 Absatz 1 Nummer 1, die §§ 6, 7, 8 Absatz 1 bis 4 und § 9 des Rechtspflegergesetzes gelten entsprechend mit der Maßgabe, dass an die Stelle des Rechtspflegers der Urkundsbeamte der Geschäftsstelle tritt.

(7) § 155 Absatz 4 gilt entsprechend.

(8) Gegen Entscheidungen des Urkundsbeamten nach den Absätzen 4 und 5 kann binnen eines Monats nach Bekanntgabe das Gericht angerufen werden, das endgültig entscheidet.

(9) Durch Landesgesetz kann bestimmt werden, dass die Absätze 4 bis 8 für die Gerichte des jeweiligen Landes nicht anzuwenden sind."

Artikel 12
Änderung der
Verwaltungsgerichtsordnung

Die Verwaltungsgerichtsordnung in der Fassung der Bekanntmachung vom 19. März 1991 (BGBl. I S. 686), die zuletzt durch Artikel 4 des Gesetzes vom 23. Juli 2013 (BGBl. I S. 2543) geändert worden ist, wird wie folgt geändert:

1. In § 146 Absatz 2 werden nach dem Wort „Gerichtspersonen" die Wörter „sowie Beschlüsse über die Ablehnung der Prozesskostenhilfe, wenn das Gericht ausschließlich die persönlichen oder wirtschaftlichen Voraussetzungen der Prozesskostenhilfe verneint," eingefügt.

2. § 166 wird wie folgt geändert:

   a) Der Wortlaut wird Absatz 1 und die folgenden Sätze werden angefügt:

   „Einem Beteiligten, dem Prozesskostenhilfe bewilligt worden ist, kann auch ein Steuerberater, Steuerbevollmächtigter, Wirtschaftsprüfer oder vereidigter Buchprüfer beigeordnet werden. Die Vergütung richtet sich nach den für den beigeordneten Rechtsanwalt geltenden Vorschriften des Rechtsanwaltsvergütungsgesetzes."

   b) Die folgenden Absätze 2 bis 7 werden angefügt:

   „(2) Die Prüfung der persönlichen und wirtschaftlichen Verhältnisse nach den §§ 114 und 115 der Zivilprozessordnung einschließlich der in § 118 Absatz 2 und 4 der Zivilprozessordnung bezeichneten Maßnahmen, der Beurkundung von Vergleichen nach § 118 Absatz 1 Satz 3 der Zivilprozessordnung und der Entscheidung nach § 118 Absatz 3 der Zivilprozessordnung obliegt dem Urkundsbeamten der Geschäftsstelle des jeweiligen Rechtszugs, wenn der Vorsitzende ihm das Verfahren nach Maßgabe des Landesrechts insoweit überträgt; liegen die Voraussetzungen für die Bewilligung der Prozesskostenhilfe hiernach nicht vor, erlässt der Urkundsbeamte die den Antrag ablehnende Entscheidung; anderenfalls vermerkt der Urkundsbeamte in den Prozessakten, dass dem Antragsteller nach seinen persönlichen und wirtschaftlichen Verhältnissen Prozesskostenhilfe gewährt werden kann und in

welcher Höhe gegebenenfalls Monatsraten oder Beträge aus dem Vermögen zu zahlen sind.

(3) Dem Urkundsbeamten obliegen im Verfahren über die Prozesskostenhilfe ferner die Bestimmung des Zeitpunkts für die Einstellung und eine Wiederaufnahme der Zahlungen nach § 120 Absatz 3 der Zivilprozessordnung sowie die Änderung und die Aufhebung der Bewilligung der Prozesskostenhilfe nach den §§ 120a und 124 Absatz 1 Nummer 2 bis 5 der Zivilprozessordnung.

(4) Der Vorsitzende kann Aufgaben nach den Absätzen 2 und 3 zu jedem Zeitpunkt an sich ziehen. § 5 Absatz 1 Nummer 1, die §§ 6, 7, 8 Absatz 1 bis 4 und § 9 des Rechtspflegergesetzes gelten entsprechend mit der Maßgabe, dass an die Stelle des Rechtspflegers der Urkundsbeamte der Geschäftsstelle tritt.

(5) § 87a Absatz 3 gilt entsprechend.

(6) Gegen Entscheidungen des Urkundsbeamten nach den Absätzen 2 und 3 kann innerhalb von zwei Wochen nach Bekanntgabe die Entscheidung des Gerichts beantragt werden.

(7) Durch Landesgesetz kann bestimmt werden, dass die Absätze 2 bis 6 für die Gerichte des jeweiligen Landes nicht anzuwenden sind."

Artikel 13
Änderung der
Finanzgerichtsordnung

§ 142 der Finanzgerichtsordnung in der Fassung der Bekanntmachung vom 28. März 2001 (BGBl. I S. 442, 2262; 2002 I S. 679), die zuletzt durch Artikel 23 des Gesetzes vom 26. Juni 2013 (BGBl. I S. 1809) geändert worden ist, wird wie folgt geändert:

1. Absatz 2 wird wie folgt geändert:

   a) Nach dem Wort „Steuerberater" wird ein Komma und werden die Wörter „Steuerbevollmächtigter, Wirtschaftsprüfer oder vereidigter Buchprüfer" eingefügt.

   b) Folgender Satz wird angefügt:

   „Die Vergütung richtet sich nach den für den beigeordneten Rechtsanwalt geltenden Vorschriften des Rechtsanwaltsvergütungsgesetzes."

2. Die folgenden Absätze 3 bis 8 werden angefügt:

   „(3) Die Prüfung der persönlichen und wirtschaftlichen Verhältnisse nach den §§ 114 und 115 der Zivilprozessordnung einschließlich der in § 118 Absatz 2 und 4 der Zivilprozessordnung bezeichneten Maßnahmen und der Entscheidungen nach § 118 Absatz 3 der Zivilprozessordnung obliegt dem Urkundsbeamten der Geschäftsstelle des jeweiligen Rechtszugs, wenn der Vorsitzende ihm das Verfahren nach Maßgabe des Landesrechts insoweit überträgt; liegen die Voraussetzungen für die Bewilligung der Prozesskostenhilfe hiernach nicht vor, erlässt der Urkundsbeamte die den Antrag ablehnende Entscheidung; anderenfalls vermerkt der Urkundsbeamte in den Prozessakten, dass dem Antragsteller nach seinen persönlichen und wirtschaftlichen Verhältnissen Prozesskostenhilfe gewährt werden kann und in welcher Höhe gegebenenfalls Monatsraten oder Beträge aus dem Vermögen zu zahlen sind.

(4) Dem Urkundsbeamten obliegen im Verfahren über die Prozesskostenhilfe ferner die Bestimmung des Zeitpunkts für die Einstellung und eine Wiederaufnahme der Zahlungen nach § 120 Absatz 3 der Zivilprozessordnung sowie die Änderung und die Aufhebung der Bewilligung der Prozesskostenhilfe nach den §§ 120a und 124 Absatz 1 Nummer 2 bis 5 der Zivilprozessordnung.

(6) Der Vorsitzende kann Aufgaben nach den Absätzen 3 und 4 zu jedem Zeitpunkt an sich ziehen. § 5 Absatz 1 Nummer 1, die §§ 6, 7, 8 Absatz 1 bis 4 und § 9 des Rechtspflegergesetzes gelten entsprechend mit der Maßgabe, dass an die Stelle des Rechtspflegers der Urkundsbeamte der Geschäftsstelle tritt.

(6) § 79a Absatz 4 gilt entsprechend.

(7) Gegen Entscheidungen des Urkundsbeamten nach den Absätzen 3 und 4 ist die Erinnerung an das Gericht gegeben. Die Frist für die Einlegung der Erinnerung beträgt zwei Wochen. Über die Erinnerung entscheidet das Gericht durch Beschluss.

(8) Durch Landesgesetz kann bestimmt werden, dass die Absätze 3 bis 7 für die Gerichte des jeweiligen Landes nicht anzuwenden sind."

Artikel 14
Änderung des
Rechtsanwaltsvergütungsgesetzes

Das Rechtsanwaltsvergütungsgesetz vom 5. Mai 2004 (BGBl. I S. 718, 788), das zuletzt durch Artikel 8 des Gesetzes vom 23. Juli 2013 (BGBl. I S. 2586) geändert worden ist, wird wie folgt geändert:

1. § 3a Absatz 4 wird aufgehoben.

2. Dem § 4 Absatz 1 werden die folgenden Sätze angefügt:

„Liegen die Voraussetzungen für die Bewilligung von Beratungshilfe vor, kann der Rechtsanwalt ganz auf eine Vergütung verzichten. § 9 des Beratungshilfegesetzes bleibt unberührt."

3. Dem § 4a Absatz 1 wird folgender Satz angefügt:

„Für die Beurteilung nach Satz 1 bleibt die Möglichkeit, Beratungs- oder Prozesskostenhilfe in Anspruch zu nehmen, außer Betracht."

4. In § 12 Satz 1 werden die Wörter „in den Fällen des § 11a des Arbeitsgerichtsgesetzes und" durch die Wörter „im Fall" ersetzt.

5. In § 23a Absatz 1 wird nach der Angabe „124" die Angabe „Absatz 1" eingefügt.

6. In § 47 Absatz 2 werden nach dem Wort „Rechtsanwalt" die Wörter „aus der Staatskasse" eingefügt.

7. Die Anmerkung zu Nummer 7002 der Anlage 1 (Vergütungsverzeichnis) wird wie folgt geändert:

a) Der Wortlaut wird Absatz 1.

b) Folgender Absatz 2 wird angefügt:

„(2) Werden Gebühren aus der Staatskasse gezahlt, sind diese maßgebend."

Artikel 15
Änderung des
Patentgesetzes

Das Patentgesetz in der Fassung der Bekanntmachung vom 16. Dezember 1980 (BGBl. 1981 I S. 1), das zuletzt durch Artikel 13 des Gesetzes vom 24. November 2011 (BGBl. I S. 2302) geändert worden ist, wird wie folgt geändert:

1. In § 136 Satz 1 wird die Angabe „120 Abs. 1, 3 und 4" durch die Wörter „120 Absatz 1 und 3, des § 120a Absatz 1, 2 und 4" ersetzt.

2. In § 137 Satz 1 wird nach der Angabe „124" die Angabe „Absatz 1" eingefügt.

Artikel 16
Änderung des
Markengesetzes

Das Markengesetz vom 25. Oktober 1994 (BGBl. I S. 3082; 1995 I S. 156; 1996 I S. 682), das zuletzt durch Artikel 15 des Gesetzes vom 24. November 2011 (BGBl. I S. 2302) geändert worden ist, wird wie folgt geändert:

1. In der Inhaltsübersicht wird nach der Angabe zu § 81 folgende Angabe eingefügt:

„§ 81a Verfahrenskostenhilfe".

2. Dem § 66 Absatz 5 wird folgender Satz angefügt:

„In den Verfahren ohne die Beteiligung Dritter im Sinne des Satzes 2 ist ein Antrag auf Bewilligung von Verfahrenskostenhilfe für das Beschwerdeverfahren dem Patentgericht unverzüglich zur Vorabentscheidung vorzulegen."

3. Nach § 81 wird folgender § 81a eingefügt:

„§ 81a

Verfahrenskostenhilfe

(1) Im Verfahren vor dem Patentgericht erhält ein Beteiligter auf Antrag unter entsprechender Anwendung der §§ 114 bis 116 der Zivilprozessordnung Verfahrenskostenhilfe.

(2) Im Übrigen sind § 130 Absatz 2 und 3 sowie die §§ 133 bis 137 des Patentgesetzes entsprechend anzuwenden."

4. Dem § 88 Absatz 1 wird folgender Satz angefügt:

„Auf Antrag ist einem Beteiligten unter entsprechender Anwendung des § 138 des Patentgesetzes Verfahrenskostenhilfe zu bewilligen."

Artikel 17
Änderung des
Geschmacksmustergesetzes

In § 24 Satz 3 des Geschmacksmustergesetzes vom 12. März 2004 (BGBl. I S. 390), das zuletzt durch Artikel 18 des Gesetzes vom 24. November 2011 (BGBl. I S. 2302) geändert worden ist, werden die Wörter „§ 130 Abs. 2, 3 und 5 sowie die §§ 133 bis 138" durch die Wörter „§ 130 Absatz 2 und 3 sowie die §§ 133 bis 135, 136 Satz 1, die §§ 137 und 138" ersetzt.

Artikel 18
Änderung des
Steuerberatungsgesetzes

Das Steuerberatungsgesetz in der Fassung der Bekanntmachung vom 4. November 1975 (BGBl. I S. 2735), das zuletzt durch Artikel 2 Absatz 73 des Gesetzes vom 7. August 2013 (BGBl. I S. 3154) geändert worden ist, wird wie folgt geändert:

1. Nach § 65 wird folgender § 65a eingefügt:

„§ 65a

Pflicht zur Übernahme der Beratungshilfe

Steuerberater und Steuerbevollmächtigte sind verpflichtet, die in dem Beratungshilfegesetz vorgesehene Beratungshilfe zu übernehmen. Sie können die Beratungshilfe im Einzelfall aus wichtigem Grund ablehnen."

2. In § 86 Absatz 4 Nummer 10 wird das Wort „Prozesskostenhilfesachen" durch die Wörter „Prozesskostenhilfe- und Beratungshilfesachen" ersetzt.

Artikel 19
Änderung der
Wirtschaftsprüferordnung

Die Wirtschaftsprüferordnung in der Fassung der Bekanntmachung vom 5. November 1975 (BGBl. I S. 2803), die zuletzt durch Artikel 2 Absatz 76 des Gesetzes vom 7. August 2013 (BGBl. I S. 3154) geändert worden ist, wird wie folgt geändert:

1. § 51a wird wie folgt gefasst:

„§ 51a

Pflicht zur Übernahme der Beratungshilfe

Wirtschaftsprüfer und vereidigte Buchprüfer sind verpflichtet, die in dem Beratungshilfegesetz vorgesehene Beratungshilfe zu übernehmen. Sie können die Beratungshilfe im Einzelfall aus wichtigem Grund ablehnen."

2. § 57 Absatz 4 Nummer 3 wird wie folgt geändert:

a) In Buchstabe f wird der Punkt am Ende durch ein Semikolon ersetzt.

b) Folgender Buchstabe g wird angefügt:

„g) im Zusammenhang mit der Beratungshilfe."

Artikel 20

Inkrafttreten

Dieses Gesetz tritt am 1. Januar 2014 in Kraft.

D. Anlage 4 PKHB 2014

Bekanntmachung zu § 115 der Zivilprozessordnung
(Prozesskostenhilfebekanntmachung 2014 – PKHB 2014)

4

vom 6. Dezember 2013 (BGBl. I S. 4088)

Auf Grund des § 115 Absatz 1 Satz 5 der Zivilprozessordnung in der Fassung der Bekanntmachung vom 5. Dezember 2005 (BGBl. I S. 3202; 2006 I S. 431; 2007 I S. 1781) wird bekannt gemacht:

Die ab dem 1. Januar 2014 maßgebenden Beträge, die nach § 115 Absatz 1 Satz 3 Nummer 1 Buchstabe b und Nummer 2 der Zivilprozessordnung vom Einkommen der Partei abzusetzen sind, betragen

1. für Parteien, die ein Einkommen aus Erwerbstätigkeit erzielen (§ 115 Absatz 1 Satz 3 Nummer 1 Buchstabe b der Zivilprozessordnung), 206 Euro,

2. für die Partei und ihren Ehegatten oder ihren Lebenspartner (§ 115 Absatz 1 Satz 3 Nummer 2 Buchstabe a der Zivilprozessordnung), 452 Euro,

3. für jede weitere Person, der die Partei auf Grund gesetzlicher Unterhaltspflicht Unterhalt leistet, in Abhängigkeit von ihrem Alter (§ 115 Absatz 1 Satz 3 Nummer 2 Buchstabe b der Zivilprozessordnung):

a) Erwachsene 362 Euro,

b) Jugendliche vom Beginn des 15. bis zur Vollendung des 18. Lebensjahres 341 Euro,

c) Kinder vom Beginn des siebten bis zur Vollendung des 14. Lebensjahres 299 Euro,

d) Kinder bis zur Vollendung des sechsten Lebensjahres 263 Euro.

E. Anlage 5 Übersicht – PKH-Bewilligungen u. -ablehnungen in Zahlen für 2010[1]

5

Gerichtsbarkeit	Bewilligungen	davon mit Ratenzahlung	Ablehnungen
Zivilgerichte	94.751	8.295	37.214
Familiengerichte	475.339	49.129	34.560
Arbeitsgerichte	65.391	7.751	5.369
Verwaltungsgerichte	6.447	232	11.674
Sozialgerichte	60.743	1.160	19.370
Finanzgerichte	1.102	57	1.981

1 Tabelle entnommen: BT-Drucks 17/11472 v. 14.11.2012 – „Begründung 2. Prozesskostenhilfe, b) tatsächliche Grundlagen"

iAnwaltVerlag